古典文獻研究輯刊

三四編

潘美月・杜潔祥 主編

第40冊

肩水金關漢簡分類校注

（第三冊）

王錦城 著

國家圖書館出版品預行編目資料

肩水金關漢簡分類校注（第三冊）／王錦城 著 -- 初版 -- 新北市：花木蘭文化事業有限公司，2022〔民 111〕
目 2+240 面；19×26 公分
（古典文獻研究輯刊 三四編；第 40 冊）
ISBN 978-986-518-895-5（精裝）
1.CST：居延漢簡 2.CST：簡牘文字
011.08 110022688

ISBN-978-986-518-895-5

古典文獻研究輯刊
三四編 第四十冊 ISBN：978-986-518-895-5

肩水金關漢簡分類校注（第三冊）

作　者　王錦城
主　編　潘美月、杜潔祥
總 編 輯　杜潔祥
副總編輯　楊嘉樂
編輯主任　許郁翎
編　輯　張雅淋、潘玟靜、劉子瑄　美術編輯　陳逸婷
出　版　花木蘭文化事業有限公司
發 行 人　高小娟
聯絡地址　235 新北市中和區中安街七二號十三樓
電話：02-2923-1455／傳真：02-2923-1452
網　址　http://www.huamulan.tw 信箱 service@huamulans.com
印　刷　普羅文化出版廣告事業
初　版　2022 年 3 月
定　價　三四編 51 冊（精裝）台幣 130,000 元 版權所有・請勿翻印

肩水金關漢簡分類校注
（第三冊）

王錦城 著

目次

第三冊

肩水金關 T25

□□史拓〔1〕　　73EJT25：3

【集注】

〔1〕拓：人名，當為令史。

□都吏賈君兄，君兄為政徙臧小叔雲中犢和宋長賓田舍，至十月中，吏捕得順小叔君兄與□□　　73EJT25：4

【校釋】

第一行「賓」字原釋作「實」，該字圖版作[字形]，當為「賓」字，漢人以「長賓」為字習見。

甘露三年二月乙卯朔辛未〔1〕，東部候長廣宗〔2〕敢言之：官下大守都尉府書曰：案往者卒過　　73EJT25：6

【集注】

〔1〕甘露三年二月乙卯朔辛未：甘露，漢宣帝劉詢年號。據徐錫祺（1997，1581頁），甘露三年二月辛未即公曆公元前 51 年 3 月 24 日。

〔2〕廣宗：人名，為東部候長。

地節二年八月辛卯朔壬辰〔1〕，西鄉有秩安〔2〕敢告尉史：溫夕阿〔3〕里上造桃禹〔4〕與葆同里龔縣〔5〕自言取傳，為家私市張掖郡中。
案，毋官獄徵事，當為傳，謁移過所縣邑侯國，以律令從事，敢告尉史。／有秩安。八月壬辰，尉史弘〔6〕敢言之。　　73EJT25：7A
章曰溫之丞印　　73EJT25：7B

【集注】

〔1〕地節二年八月辛卯朔壬辰：地節，漢宣帝劉詢年號。據徐錫祺（1997，1548頁），地節二年八月壬辰即公曆公元前 68 年 9 月 10 日。

〔2〕安：人名，為西鄉有秩嗇夫。

〔3〕夕阿：里名，屬溫縣。

〔4〕桃禹：人名，為申請傳者。

〔5〕龔縣：人名。

〔6〕弘：人名，為尉史。

□叩頭……幸……士使□書□□□……

少平□……□□□令史□□□□□□□□君都　　73EJT25：12A

……嗇夫宣

居延□進□□□陳卿　部吏取延　　73EJT25：12B

戍卒秦少平〔1〕、野馬〔2〕卒張賢〔3〕所屬願屬所吏言已來取錢……

73EJT25：13

【集注】

〔1〕秦少平：人名，為戍卒。

〔2〕野馬：當為隧名。

〔3〕張賢：人名，為戍卒。

□康元年十月壬寅朔庚午，都鄉佐恩〔1〕敢言之：孤山〔2〕里張輔〔3〕、安樂〔4〕里祝幸之〔5〕自言為家私市張掖、酒泉郡界中，持牛二、車二兩。謹案，輔、幸之毋官獄徵事，當以令所傳，謁移過所縣道河津，毋苛留止，

敢言之。十月居延庚午，守丞、右尉充國〔6〕移過所縣道津關，毋苛留止，如律令。／掾萬年〔7〕、佐安世〔8〕。　　73EJT25：15A

牛錢少十一

侯奴屬十

許子方共酒廿七

□□謹使使受教須為尹計　　73EJT25：15B

【校釋】

A面第一行「□康」黃艷萍（2015B）認為所缺字為「元」字。今按，說當是。元康，漢宣帝劉詢年號。據徐錫祺（1997，1554頁），元康元年十月庚午即公曆公元前65年12月1日。

又第四行「十月居延庚午」應當是「十月庚午居延」，此處可能是先忘寫了「庚午」，然後補在了「居延」之後。

【集注】

〔1〕恩：人名，為都鄉佐。

〔2〕孤山：里名，屬居延縣。

〔3〕張輔：人名，為申請傳者。

〔4〕安樂：里名，屬居延縣。

〔5〕祝幸之：人名，為申請傳者。

〔6〕充國：人名，為居延守丞、右尉。

〔7〕萬年：人名，為掾。

〔8〕安世：人名，為佐。

▨□居延　73EJT25：21

□□□□□□□□□□□□延以書言不得□大守府□□張掖……

□□□□部□□□□□□□史書律令。／掾□昌□□□　73EJT25：27

▨□空要▨（削衣）　73EJT25：28

▨□置□▨（削衣）　73EJT25：29

初元二年八月己丑朔〔1〕　令史買之〔2〕敢言之：爰書塞有秩候長▨（削衣）

73EJT25：30

【集注】

〔1〕初元二年八月己丑朔：初元，漢元帝劉奭年號。據徐錫祺（1997，1590頁），初元二年八月己丑朔即公曆公元前47年9月17日。該簡當為草稿，「朔」後具體日期空缺是有待定稿之後再填入。

〔2〕買之：人名，為令史。

▨□謹移出者□▨（削衣）　73EJT25：31

本始五年四□▨（削衣）　73EJT25：32

▨□睢陽令□▨（削衣）　73EJT25：33

▨□遇　▨（削衣）　73EJT25：34

▨□□□▨（削衣）　73EJT25：35

▨家私使張掖。案，毋□▨

▨……▨（削衣）　73EJT25：36

▨伏地再拜，叩▨（削衣）　73EJT25：37

▨月奉□□都▨
▨□毋可奈何負▨
▨□叩頭叩頭▨（削衣） 73EJT25：38
▨□一編，敢□▨（削衣） 73EJT25：40
▨故里張▨（削衣） 73EJT25：41
六月甲子，觻得守▨
如律令。／佐光▨ 73EJT25：46
▨界亭去署亡，持囊一、飯二斗，蘭越肩水騂北▨ 73EJT25：47
▨□張掖郡居延縣界中，謹移過所 73EJT25：53
▨敢言之：謹 73EJT25：57

便以正月中責交為得錢百，登山〔1〕隧□▨ 73EJT25：59

【集注】

〔1〕登山：隧名。

▨大守府，與從者□
▨留止，謹復傳，敢言 73EJT25：60

……▨
十一月癸丑，張掖農都尉賞〔1〕、水章〔2〕丞▨ 73EJT25：65A
張掖農都尉章　▨ 73EJT25：65B

【校釋】

B 面原釋文尚有一「□」，從圖版來看，其為左邊一行文字的筆畫延伸，據刪。

【集注】

〔1〕賞：人名，為張掖農都尉。

〔2〕水章：《漢書・地理志下》：「霸陵，故芷陽，文帝更名。莽曰水章也。」據此「水章」為新莽時期所改霸陵縣稱謂，霸陵為京兆尹屬縣。該簡由張掖農都尉和京兆尹霸陵縣丞共同具名發文，似有疑問。待考。

☐賞叩頭叩頭☐　　73EJT25：67A
☐叩頭叩頭，死罪死罪☐　　73EJT25：67B
☐年十二月己亥，上書待報　　73EJT25：69

☐……
☐□禹、令史赦〔1〕
☐……　　73EJT25：71

【集注】

〔1〕赦：人名，為令史。

☐□史賜、池陽〔1〕里李率公〔2〕，自言父舜〔3〕為故吏持
☐傳，謁移過所縣邑，以律令從事，敢告尉史　　73EJT25：72

【校釋】

伊強（2015A）遙綴簡 73EJT25：80 和該簡。姚磊（2016I3）認為兩簡寬度不一、紋路不合、語句不順，不可遙綴。今按，姚說是。兩簡或不能綴合。

【集注】

〔1〕池陽：里名。
〔2〕李率公：人名，為申請傳者。
〔3〕舜：人名，為李率公父親。

☐朔丙午，令史昌〔1〕敢言之：遣☐　　73EJT25：74

【集注】

〔1〕昌：人名，為令史。

本始二年六月甲申朔丙午〔1〕，☐
到居延□□□南樂〔2〕里其□☐　　73EJT25：80

【校釋】

伊強（2015A）遙綴該簡和簡 73EJT25：72。姚磊（2016I3）認為兩簡寬度不一、紋路不合、語句不順，不可遙綴。今按，姚說是。兩簡或不能綴合。

【集注】

〔1〕本始二年六月甲申朔丙午：本始，漢宣帝劉詢年號。據徐錫祺（1997，1539頁），本始二年六月丙午即公曆公元前72年8月16日。

〔2〕南樂：里名。

☐還復籍入，毋☐　73EJT25：84

☐月己巳朔乙酉，東部候長長生〔1〕敢
☐被兵簿一編，敢言之　73EJT25：87

【集注】

〔1〕長生：人名，為東部候長。

☐□傳，謁移肩水金關，籍出　73EJT25：108+211

【校釋】

何茂活（2015H）綴。

☐　聊游君　73EJT25：111

☐六人，縣三老☐　73EJT25：114

廿五日☐　73EJT25：115

省作〔1〕彊落□☐　73EJT25：118

【集注】

〔1〕省作：永田英正（1983，218頁）：所謂省好像是指離開本來的工作地點，暫時出差到別處。離開原工作地點的戍卒叫「省卒」，省卒到別處去工作叫「省作」。

李天虹（2003，121頁）：省卒集中進行勞作，類似於現在所謂的勤務。

中國簡牘集成編輯委員會（2001F，70頁）：從戍卒中臨時抽調之省卒。用於集中人員和時間完成某一項工作。

孫言誠（2002，103～104）：就是從本署中省出來，到別的地方去勞作。一種是去候官所在地……各烽燧省卒到候官，乃是經常性的安排。另外一種省作，則是集中大量戍卒，為大司農屯田系統修渠、伐茭等。

今按，諸說是。「省作」即抽調各隧戍卒到某地集中從事某一項專門的勞作。

肩水候官辟非〔1〕隧長公乘荀長賢〔2〕　☐　　73EJT25：121A

初元三年□□□☐　　73EJT25：121B

【校釋】

B面未釋字張俊民（2015A）補「功勞案」。今按，該簡右半缺失，字多不可辨識，當從整理者釋。

【集注】

〔1〕辟非：隧名。

〔2〕荀長賢：人名，為辟非隧長。

☐衣用，謁移過所　　73EJT25：123

到居延都尉屬氐池廣漢〔1〕里公乘彭輔〔2〕遷補北部□□候長之官　☐

73EJC：482+73EJT25：124

【校釋】

姚磊（2017G1）綴。

【集注】

〔1〕廣漢：里名。

〔2〕彭輔：人名。

七月丁卯，騂北亭卒少以□☐　　73EJT25：135A

七月丙寅☐　　73EJT25：135B

☐□□□死死罪罪□□□□☐　　73EJT25：139A

☐……☐　　73EJT25：139B

☐如律令。／掾意〔1〕、令史賀〔2〕　　73EJT25：141A

☐……　　73EJT25：141B

【集注】

〔1〕意：人名，為掾。

〔2〕賀：人名，為令史。

□游卿　靳□一　□□□☒　　73EJT25：143A
□□　丁……□□□☒
□□……人自……上☒　　73EJT25：143B

☒□□吏卒……候史□☒　　73EJT25：144
☒□□二千石長史丞□召告□等□☒
☒□□年月□□□□□□□　☒　　73EJT25：149A
☒南卒少行令一數算□☒　　73EJT25：149B

以羅驚糒買布為名，尉禹等不數循行，留☒　　73EJT25：151

【校釋】

「羅」「禹」「數」原作「檄」「備」「敬」，張俊民（2015A）釋。

子公乘□□☒　　73EJT25：152

☒屯居延作一日□☒
☒□□□□□□□☒　　73EJT25：153

【校釋】

第一行未釋字張俊民（2015A）釋「當」。今按，據文義補釋可從，但該字下部殘損，不能確知，暫從整理者釋。

☒苛留止，如律令☒　　73EJT25：155

【校釋】

姚磊（2016I5）綴合簡 73EJT25：186 和該簡，且認為可復原「毋」字殘筆。今按，綴合處該簡圖版作，明顯不是「毋」字殘筆，兩簡當不能綴合。

□□☒
□□☒　　73EJT25：158

【校釋】

首行胡永鵬（2015，27 頁）、（2016A，179 頁）補「地節」。今按，補釋或可從，但所補字右半殘缺，不能確知，當從整理者釋。

▨辤□□▨	73EJT25：160
甘露四年五月□▨	
一編，敢言之▨	73EJT25：163
章曰雒陽丞印▨	73EJT25：166A
五月庚辰，雒陽長忠□▨	73EJT25：166B
爰書一編▨	73EJT25：169
▨□戊辰朔丁丑，居▨	73EJT25：170A
▨吏居延□▨	73EJT25：170B
▨不數教告卒令□▨	73EJT25：176
▨隧長一人　南……▨	
▨卒二人　書到騂北……▨	73EJT25：177

▨事，當為傳，移所過縣邑，勿▨
▨……▨　73EJT25：178

【校釋】

「勿」字原未釋，該字圖版作，當為「勿」字，姚磊（2017G4）亦釋作「勿」。何茂活（2016E，192頁）釋「關」。

▨□□客　▨　73EJT25：179
▨□以私行候▨　73EJT25：183

家私市居延▨
……▨　73EJT25：185A
印曰雒丞▨　73EJT25：185B

▨過所河關，毋▨　73EJT25：186

【校釋】

姚磊（2016I5）綴合該簡和簡73EJT25：155，且認為可復原「毋」字殘筆。今按，綴合處簡73EJT25：155簡首圖版作，明顯不是「毋」字殘筆，兩簡當不能綴合。

▨五歲　▨
▨□□□□□□□□□□▨　73EJT25：188

【校釋】

「歲」原作「養」，何茂活（2016E，192頁）釋。

⧄□尉史十⧄
⧄丑，緱氏□⧄　　73EJT25：189

【校釋】

「緱」原作「維」，何茂活（2016E，192頁）釋。

通長生，先以亡人命者蘭渡關律〔1〕辯告，□□⧄　　73EJT25：193

【校釋】

「律辯告」原作「津□□」，其中第三字圖版作，當為「告」字。前兩字圖版殘損過甚，但據文義，當為「律辯」。「先以……律辯告」為漢簡司法文書中常辭。

【集注】

〔1〕亡人命者蘭渡關律：「亡人命者」指有命案逃亡的人，「蘭渡關」指無符傳而擅自通過關卡。漢時當有和殺人逃亡者擅自過關有關的法律，稱之為亡人命者蘭渡關津律。

⧄□移過所縣邑候國，如律令。／掾充⧄　　73EJT25：195
⧄鮮□□不……　　73EJT25：199
⧄□所成　⧄　　73EJT25：200
⧄私穀計　　73EJT25：201
⧄□單　　73EJT25：202
⧄……・受子□⧄　　73EJT25：203A
⧄……⧄　　73EJT25：203B

⧄□□朔丁丑，西鄉嗇夫□敢言之：□□里官大夫〔1〕□□年卅□□⧄
⧄……取傳，謁移縣邑侯國……⧄　　73EJT25：204A
⧄……⧄　　73EJT25：204B

【集注】

〔1〕官大夫：秦漢二十等爵制的第六級。《漢書・百官公卿表上》：「爵：一級曰公士……六官大夫。」顏師古注：「加官、公者，示稍尊也。」

⧄建秋試射隧　　73EJT25：207

⧄□□□□□□⧄

⧄請以令為□⧄　　73EJT25：209

⧄□治北□令□□表□□□□卒　　73EJT25：212

（圖畫）　　73EJT25：213A

（圖畫）　　73EJT25：213B

⧄□□事□□己未籍來者……　　73EJT25：214

⧄□言之□□隧長⧄　　73EJT25：217

⧄□主召⧄　　73EJT25：218

【校釋】

「召」伊強（2015A）作釋「名」。今按，該字作形，漢簡中「召」字常見此種寫法，釋「召」或不誤。

⧄……⧄　　73EJT25：219A

⧄……⧄　　73EJT25：219B

⧄拜再拜⧄　　73EJT25：220A

⧄……⧄　　73EJT25：220B

⧄□九　⧄　　73EJT25：222

⧄□子□□⧄　　73EJT25：223

⧄□□□行丞事⧄

⧄……⧄　　73EJT25：224

⧄……⧄　　73EJT25：225

⧄八月乙卯　⧄　　73EJT25：226

⧄□□　　73EJT25：229

⧄弩不自□⧄（削衣）　　73EJT25：230

⧄□一斗，直百廿三　　73EJT25：232A

⧄□記　　73EJT25：232B

⧄……張……當……　　73EJT25：233

⧄□□□□一□⧄　　73EJT25：235

⧄□□□之　⧄　　73EJT25：236

〼□如律令。／掾□〼　73EJT25：238

〼□□〼　73EJT25：239

〼□章曰□〼　73EJT25：240

〼□□□□□□□□□十月□〼　73EJT25：245

〼當得……　73EJT25：246

胡子長□〼

□□〼　73EJT25：247

章曰□□丞〼　73EJT25：248A

之印〼　73EJT25：248B

肩水金關 T26

〼十一月戊午，肩水守候㝡□□〼

〼塞尉何〔1〕以近次兼行〔2〕丞事下候、田官〼　73EJT26：1A

〼印曰宋卿私印　〼　73EJT26：1B

【校釋】

A 面第一行「㝡」原釋文作「最」，據字形改。

【集注】

〔1〕何：人名，為塞尉。

〔2〕以近次兼行：勞榦（1960，24 頁）：「以近次兼行太守事」，蓋據資歷而言，非據職位言，以近位言則太守自有丞及長史，庫令之位於太守尚遠。

陳直（2009，137 頁）：近次因遠在邊郡，以就近遞補。秩次是以資歷洊升，功次是以勳績洊升。在《漢書》中，秩次見於《江充傳》，功次見於衛綰、平當、王莽等傳。近次獨不見於《漢書》，而《漢書 · 孔光傳》，則有久次之名稱，亦不見於居延、敦煌兩簡。

今按，居延漢簡 303 · 12 有「庫令定國以近次兼行太守事」，勞榦所言即據此。「以近次」既非據職位，亦非據資歷而言，而是以就近而言。陳直說是。以近次兼行者，是說以所處距離的遠近為次序兼行。官吏臨時不在崗，選距離近的其他官員暫時兼理其職事方便易行。

詣府，會日中〔1〕，須有驗，毋以它為解〔2〕，有教。 73EJT26：2A

□□□□候長長生〔3〕 73EJT26：2B

【校釋】

簡牘側面有刻齒。

【集注】

〔1〕日中：陳夢家（1980，249頁）：日中為正午一段時間。殷卜辭稱為「中日」，先秦文獻稱為日中，如《魯語》曰「日中考政」。

李均明（1984，24頁）：日中，一日之中。日中這一時稱出現的很早，甲骨卜辭所見「中日」一詞即指日中而言，先秦古籍中也屢見不鮮。我國古代許多天文觀測都與日中有關，如「兩至（冬至、夏至）」的觀察即以「建立垂直於地面之棒（土圭）而測其在正午時之影長」，說明古人對日中的位置在一天之中是恆定的這一認識早已形成。

張德芳（2004，195頁）：「日中」和「夜半」一樣，是一晝夜的一條中軸線，是考慮其他時段的一個座標，因此，這是一個極重要的時間稱謂，同「日出」「日入」一樣，形成的時代可能十分久遠，而且使用的範圍也比較廣泛，不光出土簡牘有大量記載，而且文獻上遺留下來的也不在少數。確切地說，日中就是正午，「日中無影，蓋天地之中也」。形象地說，立一根木杆，四周看不到太陽的影子，這就是日中，因此以圭表測日，這是一個座標。不管十二時稱、十六時稱，還是十八時稱，「日中」都是一個通用的稱謂。

冨谷至（2018，90頁）：日中時為正午十二時左右。有日到天中時之意。

今按，諸說是。「日中」為一日之中，即正午一段時間的稱謂。《史記·司馬穰苴列傳》：「穰苴既辭，與莊賈約曰；『旦日日中會於軍門。』」

〔2〕毋以它為解：中國簡牘集成編輯委員會（2001H，70頁）：公文例語，意為不得以任何理由推諉，係催辦之詞。

今按，說是。毋以它為解是說不得以其他理由為解釋開脫。

〔3〕長生：人名，為候長。

月晦復言狀，叩頭死罪死罪，敢言之。 73EJT26：12

□□□官謂守候長□□□□塞……☐

□傳詣廷轉行數辨□□□之……為解▨
八月己酉平旦〔1〕，方謂□□□留……▨　　73EJT26：15

【集注】

〔1〕平旦：陳夢家（1980，249頁）：據漢簡（羅布20），旦在日出前；據敦煌漢簡（馬氏47），日出在晨時後，則旦當在晨時後、日出前，相當於《淮南子》的朏明。旦、平旦、旦日當是一事。

中國簡牘集成編輯委員會（2001G，21頁）：為漢代每日時辰名稱，相當於早晨日出以前。

張德芳（2004，191頁）：平旦是古人指稱時間的一個通名，不管是漢代的敦煌和居延地區，還是中原地區大致指日出以前，即太陽升出地平線以前一個多小時到兩個小時左右……在懸泉漢簡中，除了「平旦」外，還有以「旦」來指稱相關時間的簡文。但是，「平旦」和「旦」不同義，不指同一時間。「平旦」指眾星盡沒，日出以前的一段時間，而「旦」則指早晨、清晨。

冨谷至（2018，88頁）：平旦時為上午六點左右。因為漢代採用太初曆，所以其為一日之始。

今按，諸說多是。「平旦」應當是指日出以前的一段時間，其和「旦」所指具體時間有所不同。劉向《新序・雜事四》：「君昧爽而櫛冠，平旦而聽朝。」

賤子〔1〕倡□伏地再拜多問
大君□足下：善毋恙□□□事，秋時不和，願近衣進酒食
□事。幸甚……　　73EJT26：17A
居延都尉糞土臣武〔2〕上書……
□□□□詣行在所公車司馬……
元鳳二年□月辛酉……　　73EJT26：17B

【校釋】

何茂活（2016E，193頁）A面第二行「事」前未釋二字補「甚苦」，第三行開頭未釋字補「察」。今按，補釋或可從，但字多漫漶不清，當從整理者釋。

【集注】

〔1〕賤子：馬怡（2008，175頁）：「賤子」大約本是無官職者自謙的稱謂……不過，

在某些場合，有官職和身份的人特別要表示謙卑時也會自稱賤子……簡EPT59：29A「賤子」應當是向親屬以外的尊者表示自謙的稱謂。

王子今（2009，321 頁）：所見「賤子」字樣很可能是作為自稱使用的。

今按，諸說是。該簡「賤子」為寫信人對自己的謙稱。《漢書・游俠傳》：「時請召賓客，邑居樽下，稱『賤子上壽』。」顏師古注：「言以父禮事。」則此「賤子」為面對父輩時對自己的稱呼。

〔2〕武：人名，為居延都尉。

……肩水　☑

□□歲，高六尺，迺五月乙亥病中☑　　73EJT26：18

左□□□□□□□□□□非……欲□

……　　73EJT26：19A

……　　73EJT26：19B

☑□□前近衣盡酒食，明察蓬火候望事

☑……　　73EJT26：20A

☑□□善毋恙，甚苦候望事，秋時書記　　73EJT26：20B

【校釋】

A 面「察」原作「寇」，A、B 面「事」原均未釋，何茂活（2016E，193 頁）釋。又 B 面「秋時」原未釋，該兩字圖版分別作[illegible]、[illegible]，其左邊的「禾」和「日」較為明顯。相似文句金關簡 73EJT1：217A 有「苦候望事冬時伏願子元近衣進」，可參。

……☑

走者吏以時行，如律，已移書酒泉大守府，敢告☑　　73EJT26：24

☑昌□所□縣□□

☑相御史府，移中二千石、二千石三

☑道上苛察□□鄉邑　　73EJT26：30

孝武皇帝兄弟子有屬籍〔1〕、在郡國者，賜馬各一匹駟，資馬錢十四萬〔2〕。

73EJT26：31

【集注】

〔1〕兄弟子有屬籍：鄔勖（2015，45～46 頁）：「屬籍」是記載親屬關係的簿籍，

其範圍應與喪服範圍相關……「屬籍」大概就是以宗長為中心編製的五服之籍。「有屬籍、在郡國者」，即名列於漢的屬籍，但不在位而在郡國為民者，包括不得封者及封而廢、免者。「兄弟子」不得斷為「兄弟、子」。案《漢書》表、傳，武帝兄弟十三人，其十二人享國而薨，一人在王位自殺；武帝子男六人，一人為昭帝，一人為戾太子自殺，二人在王位自殺，二人享國而薨，均無廢、免而在郡國者。故「兄弟子」應連讀，意為武帝兄弟之子。

今按，說是。「屬籍」指宗室譜籍。《漢書．平帝紀》：「賜九卿已下至六百石、宗室有屬籍者爵，自五大夫以上各有差。」「兄弟子」指兄弟的兒子。

〔2〕賜馬各一匹駟，資馬錢十四萬：高一致（2014B）：漢代政府成規模給宗室賜馬之事凡兩見，即《漢書．元帝紀》載初元元年四月漢元帝詔「賜宗室有屬籍者馬一匹至二駟」和漢元帝五年四月詔「賜宗室子有屬籍者馬一匹至二駟」。似乎是漢元帝兩次賜馬宗室中的某一次具體實施細則。「駟資馬錢十四萬」，是朝廷對孝武皇帝兄弟子有屬籍在郡國者原本擁有的馬匹所「資」之錢。

鄔勖（2015，47頁）：「賜馬各一匹，駟資馬錢十四萬」，應指賜馬執行時可用錢來代替。四匹馬折錢十四萬，計每匹折錢三萬五千。

今按，雖然《漢書》記載元帝時兩次賜馬宗室子弟，但該簡明言「孝武皇帝兄弟子」者，則該簡所說賜馬之事當非《漢書》所載元帝時事。鄔勖（2015，49頁）即謂「本簡所說的『武帝兄弟子有屬籍』的情況不大可能發生在元帝時，而應在元帝以前的昭、宣時代。」又根據《漢書．元帝紀》「賜宗室子有屬籍者馬一匹至二駟」等記載來看，該簡「一匹」和「駟」之間或脫「至」或「至二」數字，而「資馬錢十四萬」是說除賜馬一至駟之外，還賜錢十四萬。

☑寅朔庚寅，萬歲☑（削衣） 73EJT26：40

本始六年正月甲子朔己丑〔1〕，南鄉佐歲〔2〕敢告尉史：南里〔3〕陳叔〔4〕自言取傳，為家私市張掖居延。謹案，毋官獄
徵事，當為傳，謁言，移過所縣邑，勿何留，敢告尉史。 73EJTT26：42+25

【校釋】

伊強（2016E，123頁）遙綴，綴合後補中間的缺文第二行「取」字。

【集注】

〔1〕本始六年正月甲子朔己丑：本始，漢宣帝劉詢年號。本始六年即地節二年，據徐錫祺（1997，1547 頁），地節二年正月己丑即公曆公元前 68 年 3 月 11 日。

〔2〕歲：人名，為南鄉佐。

〔3〕南里：里名。

〔4〕陳叔：人名，為申請傳者。

下甲卿留月
天子　下日一口名　二年七月　張掖大宮　□
部丞旦（習字）　73EJT26：45A
丁卯
甲子乙丑丙寅□□戊辰（習字）　73EJT26：45B

☑七月丙午朔　肩水關嗇夫　□寫移候官□　73EJT26：47

【校釋】

該簡年代羅見今、關守義（2015）認為屬甘露四年（前 50）或陽朔元年（前 24）。今按，其說可從。「朔」後空具體日期，當為待定稿時再填入。

建昭二年六月壬戌朔壬申〔1〕，張掖大守良〔2〕長定丞……千人謂□□☑
73EJT26：50

【集注】

〔1〕建昭二年六月壬戌朔壬申：建昭，漢元帝劉奭年號。據徐錫祺（1997，1609 頁），建昭二年六月壬申即公曆公元前 37 年 7 月 9 日。

〔2〕良：當為張掖太守人名。

橐他莫當〔1〕隧長□□□□□沙頭〔2〕亭，亭毋人，置檄去，城官辛丑受
73EJT26：53

【集注】

〔1〕莫當：隧名。

〔2〕沙頭：亭名。

☐頓首〔1〕死罪死罪 73EJT26：64

【集注】

〔1〕頓首：馬怡（2009，176 頁）：「頓首」，九拜之一……在漢代書信中，用作敬辭的「稽首」，僅見於給君王的上書。而在給君王以外的對象寫信時，往往以「頓首」「叩頭」等為敬辭。

王貴元、李雨檬（2019，144 頁）：頓首，《周禮》所記九拜之一，以頭叩地而拜。「頓首」乃古語，「叩頭」應該是後起通俗語。西北漢簡很少用「頓首」，長沙東牌樓漢簡多用，與寫信者文化程度有關。「頓首」常與「再拜」「叩頭」聯用，後加告白或希冀類動詞，其結構類型（敬禮語—告白類動詞）為：頓首（頓首叩頭；頓首再拜；頓首頓首；頓首叩頭再拜；叩頭頓首頓首）—言、白（唯）。

今按，說是。「頓首」為書信敬辭，常用於結尾。

☐　務平獄，毋苛刻煩擾奪民時，所察毋過詔條 73EJT26：65

☐長者，敢言之。　☐ 73EJT26：68

不敢自訟東部肩水記部尤戲孝誠欲告之，道涇，毋從☐得 73EJT26：72

【校釋】

「道涇」二字上有塗抹畫滅的痕迹。

候員宗……卿上　候史李昌〔1〕、莫當〔2〕隧長☐博 73EJT26：77

【校釋】

「員」原作「負」，姚磊（2017K，166 頁）釋作「員」，認為此處「員」疑作姓氏解。今按，其說是。「負」通作「員」，《廣韻．僊韻》：「負，《說文》作員，物數也。」

【集注】

〔1〕李昌：人名，為候史。

〔2〕莫當：隧名。

☐□掾房〔1〕、令竟〔2〕、佐□☐　　73EJT26：78

【集注】

〔1〕房：人名，為掾。

〔2〕竟：人名，當為令史，原簡脫一「史」字。

☐□□□□迎刺史君肩水☐　　73EJT26：80

☐道津關，遣亭長景敞☐

☐　兼☐　　73EJT26：81

☐亭長丁宗〔1〕行追廣宗〔2〕　　73EJT26：83

【集注】

〔1〕丁宗：人名，為亭長。

〔2〕廣宗：人名。簡 73EJT26：95 亦可見「廣宗」，或屬同一人，兩簡內容似相關。

孫都〔1〕謂王君□□☐

任衣叩頭叩頭，因☐　　73EJT26：84A

之言亡鞭子所☐

遣卒往來且☐　　73EJT26：84B

【集注】

〔1〕孫都：當為人名。

☐□□□年十月丁亥朔己巳，□□□□□敢言之：萬年〔1〕里男子樂意〔2〕自言為家私

☐……行丞事。　／掾武〔3〕、令史鳳〔4〕　　73EJT26：86

【校釋】

「十月丁亥朔己巳」羅見今、關守義（2015）指出十月丁亥朔則該月無己巳，查圖版，該簡殘失、扭曲嚴重，造成釋文錯誤。趙葉（2016，37 頁）認為「己巳」當釋「乙巳」。今按，說或是。但具體作何釋讀，圖版已不可辨識。

又原釋文 B 面「令史」前尚有一「□」，從圖版來看，其當為「令」字筆畫，據刪。

【集注】

〔1〕萬年，里名。

〔2〕樂意：人名，為申請傳者。

〔3〕武：人名，為掾。

〔4〕鳳：人名，為令史。

河平元年五月庚子朔丙午〔1〕，都鄉守嗇夫宗〔2〕敢言之：肩水〔3〕里男子王野臣〔4〕自言為都尉丞從史徐興☐

取傳。謹案，戶籍臧官者，野臣爵大夫、年十九，毋官獄徵事，當得以令取傳。謁移過所津關，毋☐

五月丙午，居延令宣〔5〕、守丞誠〔6〕、倉丞赦〔7〕，移過所縣道，毋苛留止，如律令。／掾□　　73EJT26：87

【校釋】

第一行「元年」之「元」原作「五」，羅見今、關守義（2015），胡永鵬（2015，29頁）、（2016A，317頁），黃艷萍（2015B），趙葉（2016，37頁）釋。又末行「誠」原作「城」，該字圖版作，當釋「誠」字。

【集注】

〔1〕河平元年五月庚子朔丙午：河平，漢成帝劉驁年號。據徐錫祺（1997，1627頁），河平元年五月丙午即公曆公元前28年6月26日。

〔2〕宗：人名，為都鄉守嗇夫。

〔3〕肩水：里名。

〔4〕王野臣：人名，為申請傳者。

〔5〕宣：人名，為居延縣令。

〔6〕誠：人名，為居延守丞。

〔7〕赦：人名，為居延倉丞。

河平五年二月戊寅〔1〕，西鄉嗇夫赦〔2〕敢言☐

俱。謹案，戶籍晏〔3〕爵上造年□□☐

二月己丑，居延令博〔4〕移過所☐　　73EJT26：92

【集注】

〔1〕河平五年二月戊寅：河平，漢成帝劉驁年號。河平五年即陽朔元年，據徐錫祺（1997，1635頁），陽朔元年二月戊寅朔，為公曆前24年3月9日。

〔2〕赦：人名，為西鄉嗇夫。

〔3〕晏：人名，為申請傳者。

〔4〕博：人名，為居延縣令。

董子文▨　73EJT26：93

六月己卯，昭武長譚〔1〕、丞移肩水金關、居延縣索關：寫移書到，出入所部如律令。　／掾壽〔2〕、守□□▨　73EJT26：94

【集注】

〔1〕譚：人名，為昭武縣長。

〔2〕壽：人名，為掾。

▨□擊刺傷宗〔1〕右手、左脾、右掖〔2〕下各一所，亡時廣宗〔3〕安所居不▨　73EJT26：95

【集注】

〔1〕宗：人名，或為簡73EJT26：83之亭長丁宗。

〔2〕掖：通「腋」。

〔3〕廣宗：人名。

▨□□戊寅□▨　73EJT26：99A

▨……▨　73EJT26：99B

▨士吏□□□□□詣府　73EJT26：100

叩頭再拜……▨　73EJT26：104①A

並〔1〕叩頭白言並▨　73EJT26：104①B

【集注】

〔1〕並：人名。

〼□□不□〼　　73EJT26：104②A
〼□□□□□〼　　73EJT26：104②B

【校釋】

A 面「不」原未釋，何茂活（2016E，193 頁）釋。又「不」前一字葛丹丹（2019，1760 頁）認為是「吏」。B 面何茂活（2016E，193 頁）補「所毋何」三字。今按，說或可從，但所釋字多殘損不能確知，當從整理者釋。

〼始二年正月丁亥朔己亥，〼（削衣）　　73EJT26：111

【校釋】

羅見今、關守義（2015），黃艷萍（2015B），趙葉（2016，38 頁）均指出該簡年代為漢宣帝本始二年。今按，諸說是。本始，漢宣帝劉詢年號。據徐錫祺（1997，1539 頁），本始二年正月己亥即公曆公元前 72 年 2 月 10 日。

四年物故〔1〕衣履〼（削衣）　　73EJT26：112

【集注】

〔1〕物故：饒宗頤、李均明（1995A，37 頁）：物故，漢晉間習用語，謂死亡……《釋名·釋喪制》：「漢以來謂死為物故，言其諸物皆朽故也。」

中國簡牘集成編輯委員會（2001H，92 頁）：俗作死亡解，不僅只用於人，物品毀損殆盡亦曰物故。

邢義田（2011C，103 頁）：所謂「物故」的物品包括金錢、布帛、粟米和牛馬。這反映了秦漢時代人們對死亡的一種看法。人與馬、牛、衣物、箭矢等一樣，同是一種「物」。人、馬、牛的死亡和物品的損壞或消耗，意義相同。

王志勇（2016，172）：「物故」一詞無論是用於人還是用於物，無論是指死還是指損壞，都是從「事故」這個意義上引申出來的。

今按，諸說是。「物故」謂死亡，亦用來指物品的毀壞。《漢書·蘇武傳》：「前以降及物故，凡隨武還者九人。」顏師古注：「物故謂死也，言其同於鬼物而故也。一說，不欲斥言，但云其所服用之物皆已故耳。」

〼……五月戊戌，道入行部□□〼　　73EJT26：116

〼卒代塗人〔1〕作，今遣塗人〼　　73EJT26：127+117

【校釋】

伊強（2015A）綴。第一個「塗人」的「人」原作「入」，綴合後釋。

【集注】

〔1〕塗人：伊強（2015A）：「塗人」當即從事「塗」這項工作的人。

今按，說是。漢簡常見用泥、白灰、馬糞等塗墻及積薪的記錄，「塗人」蓋指從事這些工作的人。

⍁□英毋予，目疾，令視□⍁　　73EJT26：119

⍁遣通道〔1〕隧⍁　　73EJT26：121

【集注】

〔1〕通道：隧名。

⍁□關外湯石〔1〕亭，遣⍁　　73EJT26：124

【校釋】

「關」字黃艷萍（2016B，137 頁）、（2018，139 頁）釋作「開」。今按，該字作[illegible]形，不能確知為「開」，暫從整理者釋。

【集注】

〔1〕湯石：亭名。

⍁□常樂為官市藥長　　73EJT26：126

⍁□□□言□⍁　　73EJT26：131

賤子禹〔1〕再拜言……⍁　　73EJT26：138

【集注】

〔1〕禹：人名。

⍁費長史　　73EJT26：139

⍁律令。／卒史□⍁　　73EJT26：140

⍁舉土曾堤〔1〕□，廣五丈□二□□六步，率人四尺⍁　　73EJT26：142+272

【校釋】

姚磊（2016I5）綴。「堤」後一字張俊民（2015A）補「儌」。今按，該字圖版作[圖]，似不為「儌」。

【集注】

〔1〕曾堤：「曾」當通「增」。「增堤」即增加堤壩。

☐史□☐（削衣）　　73EJT26：146

☐壬申，居延令博〔1〕為付□☐　　73EJT26：148

【集注】

〔1〕博：人名，為居延縣令。

告騂北卒山□☐　　73EJT26：149

☐□君足下甚☐　　73EJT26：150

☐□子君伏地因□☐

☐……☐　　73EJT26：151A

☐□餈穹真曾毋物□☐　　73EJT26：151B

☐令史三人　☐　　73EJT26：152

☐敢言之：大□延☐　　73EJT26：158

☐　毋城倉籍　　73EJT26：162

廣德〔1〕伏地再拜請

長孫中君足下：善毋恙！秋時廣德伏地，願長孫中君為左右進酒

73EJT26：190+198+163

【校釋】

簡 73EJT26：190+198 伊強（2015A）綴，綴合後補釋第二行「恙」字。伊強（2015I），何茂活（2015F）、（2016E，194 頁）又綴簡 73EJT26：163，綴合後均補釋第二行「願長」「酒」等字。又何茂活（2015F）、（2016E，194 頁）補釋兩「廣德」、第二行「秋時」等字。

【集注】

〔1〕廣德：人名，為致信者。

出孤山，敢言之。 73EJT26：165

☐□□□□□□□　□□□　☐ 73EJT26：168

行事，敢言之：□□故為☐ 73EJT26：170

以記告□光予郭少季〔1〕錢二□☐ 73EJT26：173

【集注】

〔1〕郭少季：人名。

☐後右足，五月辛酉，受令史明〔1〕。 73EJT26：174A

張客子〔2〕穀食一石，在辟非〔3〕卒☐

職所　☐ 73EJT26：174B

【集注】

〔1〕明：人名，為令史。

〔2〕張客子：人名，亦或為張姓客子。

〔3〕辟非：隧名。

☐城尉毋害 73EJT26：176

☐□門安世〔1〕即捕，不知何人提劍鄉吏不直〔2〕☐ 73EJT26：177

【校釋】

原釋文「何人」下有重文符號「=」，從圖版來看，其當為右邊一行文字的墨迹，並非重文號，據刪。

【集注】

〔1〕安世：人名。

〔2〕不直：胡平生、張德芳（2001，19～20頁）：不公正，為秦漢時常用法律術語。《史記・秦始皇本紀》：「三十四年，適治獄不直者，築長城及南越地。」

今按，說是。《漢書・景武昭宣元成功臣表》：「太始三年，坐為太常鞠獄不實，入錢百萬贖死，而完為城旦。」顏師古注引如淳曰：「鞠者以其辭決罪也。」注引晉灼曰：「律說出罪為故縱，入罪為故不直。」則「故不直」在漢代為法律規定之一種罪名。

☐十匹為行，毋鼻☐☐	73EJT26：179
男母家室毋恙，多問☐	
☐☐☐☐☐☐☐☐☐☐	73EJT26：180
☐　元鳳五年六月戊申☐	73EJT26：183

☐……卅六中道二百八十六平之出
☐……治酒，請邑子楊安〔2〕等六人輔與
☐☐五十　　73EJT26：188

【集注】

〔1〕楊安：人名。

☐不衣服，叩頭死罪死罪　　73EJT26：192

戊子綬〔1〕取薪卌八束縣候　綬迹　　73EJT26：227A+194
☐　廿六　　73EJT26：227B

【校釋】

伊強（2015A）綴。

【集注】

〔1〕綬：當為人名。

☐☐田辟☐☐　　73EJT26：195A
☐☐☐☐☐　　73EJT26：195B

【校釋】

A 面簡首未釋字葛丹丹（2019，1765 頁）作「別」，簡首未釋字何茂活（2016E，194 頁）認為似為「病」字。今按，說或是，但字多殘損，不能確知，當從整理者釋。

☐迹迹長可尺一寸，蘭渡天田☐☐　　73EJT26：196

【校釋】

簡末未釋字葛丹丹（2019，1765 頁）作「北」。今按，該字大部分殘損，不能確知，當從整理者釋。

⍁　子自言居延　⍁　　73EJT26：197

⍁□誼先自劾，謁移　　73EJT26：199

⍁願子真〔1〕近衣彊食□

⍁不及，叩頭幸甚□　　73EJT26：200

【校釋】

「食」後一字何茂活（2016E，194 頁）疑為「察」字。今按，該字漫漶不清，當從整理者釋。

【集注】

〔1〕子真：人名，為受信者。

……所□莫對……⍁　　73EJT26：202

⍁……　　73EJT26：203

□□□□□具對□□吏□□□□□□□□□□□□□□□□□□□□□得□□□□

□□□□□□□聽　　73EJT26：204

⍁□候檄一封……行□二□　　73EJT26：206A

⍁虜出第九亭事　　73EJT26：206B

【校釋】

A 面「行」下一字圖版作，或為「南」字。

⍁巨里王□　⍁　　73EJT26：207A

⍁□□　⍁　　73EJT26：207B

過所邑侯國，以律令從事，敢言之。佐史〔1〕十二月□□⍁

73EJT26：208

【集注】

〔1〕佐史：陳夢家（1980，114 頁）：漢簡百石吏以下，斗食為一級，佐史為更低一級，二者有分別。斗食與佐史俱是官秩中最低兩級，合稱「少吏」……佐史為中央至地方吏的最低一級。

中國簡牘集成編輯委員會（2001G，36頁）：低級吏員，書佐和曹史的通稱。《漢書・百官公卿表》：「百石以下有斗食、佐史之秩，是為少吏。」顏師古注引《漢官名秩簿》：「佐史月奉八斛也。」

今按，諸說是。佐史指最低一級吏員的秩級。

☐　張□張□　73EJT26：209

☐官獄徵事，當得取傳，謁移過所縣邑部亭，毋苛留
☐□縣邑。／守令史尊〔1〕。　73EJT26：210

【集注】

〔1〕尊：人名，為守令史。

☐□□五丞、別田令史〔1〕光〔2〕敢言之：□☐
☐□□□謁言府，敢言☐　73EJT26：212

【集注】

〔1〕別田令史：陳夢家（1980，27頁）：長、丞以下有別田令史，各率田卒若干人，各領土地若干畝，各有兵器、錢器（即農具）之薄。「第四長官」「第三丞官」與「候官」「田官」之官，俱指機構而言。

劉光華（1988，106～107頁）：若比附候官令史、縣令史，則必為田官之令史，即農令的屬吏……「第五丞別田令史」「第二長別田令史」，或亦為農令、候農令之屬吏下駐於「長官」「丞官」者。

薛英群（1991，338頁）：如有面積較小的耕地區，而又遠離農令各部屯田區，為指揮方便，則另設別田令史一職，全面負責這一部分屯田區的生產。

張俊民（1996A，70頁）：別田級別較低，主官稱令史，由左農右部守丞兼領。

王勇（2008，22頁）：漢簡中所見「別田令史」均附在部農長丞之後，沒有出現單獨的「別田令史」官稱，這說明別田令史可能不應被視為一級屯田主管官員。

裘錫圭（2012B，231頁）：分部的別田令史當是率領一部分田卒到本分部主要屯田區之外的某地從事生產的官吏。《漢書・西域傳下》說，「將免刑罪人田渠犁」的鄭吉，在攻車師取得勝利後，「使吏卒三百人別田車師。「別田令史」

和「別田車師」的「別田」，意義是相同的。令史本是令長級長官的屬吏。別田令史跟主管分部的丞、長之間，也許只有一種工作上的隸屬關係。

唐俊峰（2014A，96頁）：田官的「別田」可能也與鹽、鐵官相似，由農丞擔任長官，其下配有令史。也就是說，每個農令、農長除直屬的丞外，可能同時還設有其他與他異治的「丞」，作為分支屯田區「別田」的主官。也就是說，所謂「別田令史」，並不是「別田」的主管，也不由農丞兼任，而只是隸屬於田官分支屯田區長官農丞手下的少吏。

高佳莉（2020）：別田令史應為騂馬田官下部農機構中的令史，與官佐分領不同數量的勞作者，各負責一定區域內的屯耕生產，同時兼領這一部農機構的文書事宜。

今按，諸說多是。「別田」蓋指在屯田區主要分部之外另外開田耕種，置令史主管其屯田。據漢簡來看，「別田令史」列於主管分部的農長、農丞之下，但令史當為田官之長農令的屬吏。因此，當如裘錫圭所說，別田令史與主管分部的丞、長之間，也許只有一種工作上的隸屬關係。別田應當還是就近附屬於各屯田分部，因此別田令史均附在農長、丞之後。唐俊峰說別田令史為隸屬於屯田區長官農丞的少吏似不妥。

〔2〕光：人名，為別田令史。

狀曰上造　☑　　73EJT26：216

☑□出塞，今即肩水　　73EJT26：219

元鳳二年二月……☑　　73EJT26：220

初元年八月乙丑朔☑　　73EJT26：221

五鳳元年九月丙辰朔丁丑〔1〕，居延都尉□□□□□□□□□□□□☑

73EJT26：224

【校釋】

未釋字中第5至10字葛丹丹（2019，1767頁）釋「過所縣道津關」。今按，該簡右半缺失，所釋字大多殘損不易辨識，當從整理者釋。

【集注】

〔1〕五鳳元年九月丙辰朔丁丑：五鳳，漢宣帝劉詢年號。據徐錫祺（1997，1570頁），五鳳元年九月丁丑即公曆公元前57年10月27日。

□□□□□□□　左後卒二人齊〔1〕食兵付如意〔2〕隧長　□□□□□□□□□
73EJT26：230A

初元二年□□□□□□□□□□□　73EJT26：230B

【校釋】

A 面「齊」原作「齋」，黃浩波（2017B）釋。

【集注】

〔1〕齊：黃浩波（2017B）：讀為「齎」。今按，說是。「齎」義為攜帶。「齎食兵」即攜帶食物和兵器。

〔2〕如意：隧名。

☐□肩水都尉府、張掖大守府，以郵亭次行　73EJT26：233A

☐十二月丁亥朔丁亥，騂北亭長宣〔1〕敢言之

☐丁丁亥　初元

☐□名籍一編，敢言之。初元初初元二年　73EJT26：233B

【集注】

〔1〕宣：人名，為騂北亭長。

☐敢言之：謹移功勞墨將名籍〔1〕　73EJT26：235

【集注】

〔1〕功勞墨將名籍：大庭脩（1996，269 頁）：關於墨將，北京大學歷史系《論衡》注釋小組的《論衡注釋》，認為「將」乃「狀」之誤，「狀」為文書之一種，即「把名字記入墨筆寫的功勞簿上」。山田勝美氏在新釋漢文大系《論衡》中釋道：

○墨將　唐蘭云：「將當為狀，尤如形狀。」案：「將」當讀為「壯」。壯，大也。

然後譯道：「在記有姓名、身份的底賬上，用墨工整地書寫。」可見一般多取其用墨書寫、用墨工整地書寫等義。《論衡・謝短篇》之句，用於質問一般官吏之際，因此在當時或許屬於意義不明之語。在理解《論衡》這一語句時，以上述解釋應該能夠溝通其意。

中國簡牘集成編輯委員會（2001I，53 頁）：功墨將名籍，即官吏個人才能與勞績的登錄名單。功勞簿中有「文」「武」之別，疑「墨」即筆墨之文，而「將」為軍士等武職。

李天虹（2003，144 頁）：簡文「墨將」當讀作「默狀」，「功勞墨將」指自我隱度、核算的功勞狀況。「功勞墨將名籍」大概屬於保密類文書，所以既由吏個人核寫，也由吏個人送達。

凌雲（2007）：墨將名籍其實就是管理官吏、將士的多項考核評定的名籍記錄。其中包括了將士功與過兩項重要參數。內容分別指為墨（貪墨）與獎，兩個方面。

李均明（2009，380 頁）：今從簡文可知「墨將名籍」乃為記載個人功勞資歷的檔案，內含現任職務、爵級、姓名、年齡、身高、家庭住址及其與所在工作單位的距離、工作能力，還有重要的一項是任職後的勞績，稱「功」與「勞」。功以序數一、二計，勞以自然日計，二者可換算，即「勞四歲」可遞進為「功一」。

邢義田（2011E，559 頁）：「將」有大、長之義，疑「功將」乃言功之大小。又《國語．周語下》：「其察色也，不過墨丈尋常之間。」韋《注》：「五尺為墨，倍墨為丈。」墨為木工丈量長短之繩墨，引申其義，「功墨」似指功之長短。惟簡中計功勞，多言「中功若干勞若干歲若干月若干日」，「勞」是以年月日長短計，「功」則不見以長短，而稱「功一」「功二」或「中功一」「中功二」等似以功之「件數」計。「功墨」或應指「功」件數的多少。「功勞墨將」合言，即指功、勞的大小和件數。

冨谷至（2018，127 頁）：「功勞墨將名籍」應為「以墨書寫的與功勞相關事項的名籍」。

今按，諸說多是，唯凌雲以墨為貪墨則恐非。「功勞墨將名籍」為記錄官吏功勞閥歷的名冊。「墨將」見於《論衡．謝短篇》：「吏上功曰閥閱，名籍墨將，何詣？」關於其含義，有諸多說法，不盡一致，待考。

☒□嗇夫武〔1〕敢言之：長安步安〔2〕里朱遂成〔3〕自言□☒　73EJT26：236

【集注】

〔1〕武：人名，為嗇夫。

〔2〕步安：里名，屬長安縣。

〔3〕朱遂成：人名。

⍁守候、城尉定〔1〕敢⍁　　　　73EJT26：237A

⍁乙酉，肩水守候、城尉定⍁　　　　73EJT26：237B

【集注】

〔1〕定：人名，為肩水守候、城尉。

⍁鳳四年十二月　　　　73EJT26：239

【校釋】

該簡年代羅見今、關守義（2015）認為是元鳳四年。今按，其說當是。元鳳，漢昭帝劉弗陵年號，元鳳四年為公元前 77 年。

⍁□蓄率持三席□⍁　　　　73EJT26：241

□六尺廣物□□⍁

□□□故□□⍁　　　　73EJT26：242

奉山林澤中，及當乘亭隧鄣辟□去者行……　　　　73EJT26：243

⍁令。／尉史□⍁　　　　73EJT26：246

⍁　□耳有□□□耳有□□⍁　　　　73EJT26：250

【校釋】

該簡何茂活（2016E，194 頁）補釋為「右耳有□闕左耳有□□」，並認為後二字似為「酒所」。

今按，第一個「耳」前一字，圖版作，當為「右」字，右在金關簡中作（73EJT5：15），可參看。需要說明的是，「右」字上面還有筆畫，但從整枚簡的書寫風格、文字大小、間距等來看，其可能是「右」字上面一字的筆畫。第二個「耳」前一字，圖版作，可釋為「佐」字。佐在漢簡中作（109 · 7）形，可參。第一個「有」下兩字，圖版分別作、，疑為「彊塞」。「彊」在漢簡中作（EPF22 · 395）等形，可參。「塞」在金關漢簡中作（73EJT8：8），亦可參。第二個「有」下一字，圖版作，當為「酒」字。因此簡文可釋為：「右耳有彊塞，佐耳有酒□」。「彊」或讀作「疆」，而「佐」或讀作

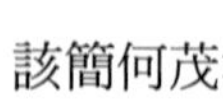

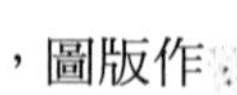

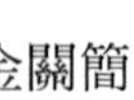

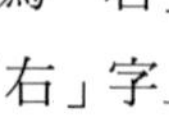

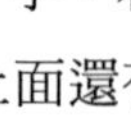

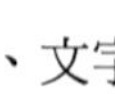

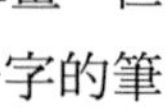

「左」。「疆」義為邊界，「塞」也即長城，因此簡文「彊（疆）塞」所指或為西北邊境的長城塞防。

……市……毋……⍁　　73EJT26:252
⍁　為守尉予酒錢百卅　　73EJT26:253

⍁□□從東鄉□□□□到必死□　　73EJT26:258
⍁行毋以庚辛□必□□壬午□□　　73EJT26:248

【校釋】

何茂活（2016E，194頁）認為此二簡可連讀，並將釋文改訂為「□□從東鄉□□庚辛到必死甲乙行毋以庚辛到必復出壬午西鄉」。姚磊（2019D1）則綴合兩簡。今按，說是。以上兩簡形制、字體筆迹一致，內容相關，當可綴合或編連。

□□□□□□□□□⍁　　73EJT26:260

⍁□前人持裹，後人抱美平　　73EJT26:263

【校釋】

何茂活（2016E，194頁）釋「裹」為「褱」，認為「美」或可釋為「癸」。今按，該兩字圖版分別作、形，改釋似可從，但不能十分肯定，暫從整理者釋。

地節四年十一月辛丑〔1〕，肩水北部候長□□敢言之　　73EJT26：268+264+266

【校釋】

許名瑲（2015E）綴。

【集注】

〔1〕地節四年十一月辛丑：地節，漢宣帝劉詢年號。據徐錫祺（1997，1552頁），地節四年十一月辛丑即公曆公元前65年1月7日。

⍁視已，令□者食之□⍁　　73EJT26:267

⍁屈稺季〔1〕　⍁　　73EJT26:269A
⍁□□⍁　　73EJT26:269B

【集注】

〔1〕屈稺季：或為人名。《急就篇》可見人名「畢稺季」，顏師古注：「稺季者，言非長，叔幼也。漢有杜稺季。」

☐□□□月己未，卒□☐　73EJT26：270
☐□絕一上朌　73EJT26：271
☐□□侯翁□☐　73EJT26：273
☐死罪故與□☐　73EJT26：274
☐□神下荾次廣□☐　73EJT26：277
☐敢言之☐　73EJT26：281

☐不幸死，櫝一☐　73EJT26：284

【校釋】

「櫝」原作蓛，裘錫圭（1981B，2頁）指出「蓛」實即「櫝」字簡體。張再興、黃艷萍（2017，74頁）從裘錫圭釋。

☐□□善毋☐（削衣）　73EJT26：285
☐不以□律變告，乃☐
☐　□□☐（削衣）　73EJT26：286
☐津……
☐令。／掾□□　73EJT26：288
☐……敢言之☐　73EJT26：292
迺乙亥德受□☐
□□□□□□□☐　73EJT26：294A
鄭伏地再拜☐
□□□□☐　73EJT26：294B
□□□□□□□☐　73EJT26：295
……☐　73EJT26：296
☐……　73EJT26：297
☐□□□□□□□□□□□□□□□□□□□□□□□□□□□　73EJT26：298

子自蜀子也九年□卒□☐　73EJT26：299

【校釋】

「卒」原未釋，何茂活（2016E，195 頁）補釋。又「子也」何茂活（2016E，195 頁）釋為「至巴」，「年」下一字姚磊（2017F1）認為可釋「武」。今按，釋或可從，但字多漫漶不清，不能確知，當從整理者釋。

☐□孫□☐ 73EJT26:301

☐□充送囚徒□之 73EJT26:302

☐移□□武□□

☐□故來取□ 73EJT26:304A

☐…… 73EJT26:304B

肩水金關 T27

☐□辰朔乙丑，肩水候尹〔1〕敢言之：□□☐ 73EJT27：2A

☐舉籍吏民奴婢、畜產、財物訾直〔2〕☐ 73EJT27：2B

【集注】

〔1〕尹：人名，為肩水候。

〔2〕訾直：勞榦（1960，11 頁）：漢世算貲之目見於文獻中，今有漢簡為證，則不動產所有者為田及宅，而動產中所有者為奴隸、車（牛車及軺車），牛、馬，其他用具衣物，則不在算貲之中。

中國簡牘集成編輯委員會（2001G，96 頁）：訾通貲、資。訾直即資產總值。

今按，諸說是。「訾」通「資」，謂資產錢財。《史記・酷吏列傳・杜周》：「及身久任事，至三公列，子孫尊官，家訾累數巨萬矣。」該簡所見，吏民資直包括奴婢、畜產，財物。

☐□粱米三斗，封寄持來 73EJT27：6

☐……

☐　　　　□

☐□界中者，毋令擅

☐　　　　□ 73EJT27：7A

▨□安民〔1〕里王長生〔2〕，年　　73EJT27：7B

【集注】

〔1〕安民：里名。

〔2〕王長生：人名。

▨□肩水候福〔1〕敢言之：府移▨
▨……▨　　73EJT27：8

【集注】

〔1〕福：人名，為肩水候。

狀曰簪褭，居觻得武安〔1〕里，年廿七歲，姓▨　　73EJT27：11

【集注】

〔1〕武安：里名，屬觻得縣。

▨　如律令　　73EJT27：12

五月己丑，長安令世〔1〕、守左丞德〔2〕移過所縣邑，毋留止，如律令。守令史充〔3〕　　73EJT27：13

【集注】

〔1〕世：人名，為長安縣令。

〔2〕德：人名，為守左丞。

〔3〕充：人名，為守令史。

……至□□□敢言之
二月十二日戊寅
……隧□□　　73EJT27：18

【校釋】

該簡年代羅見今、關守義（2015）認為是初元元年（前 48）或鴻嘉四年（前 17）。今按，其說當是。簡文信息不完整，不能確知。

初元二年九月壬戌〔1〕，大人令請子賓〔2〕足下善令▨　　73EJT27：23

【校釋】

「賓」字原作「實」，該字圖版作，當為「賓」字。

【集注】

〔1〕初元二年九月壬戌：初元，漢元帝劉奭年號。據徐錫祺（1997，1590頁），初元二年九月壬戌即公曆公元前47年10月20日。

〔2〕子賓：人名。

吏卒離署〔1〕，至官府下或之他部，以責裘為名，與卒□□不　73EJT27：24

【集注】

〔1〕離署：裘錫圭（1982A，51頁）：居延簡屢言「去署」，「離署」之意當與之相近，大概相當於現在所說的離開崗位。

今按，說是。「離署」指離開署所，即離開工作崗位。

元康元年十月壬寅朔☐　73EJT27：28

☐　河平二年二月丙寅〔1〕，令史給候長□☐　73EJT27：29

【集注】

〔1〕河平二年二月丙寅：河平，漢成帝劉驁年號。據徐錫祺（1997，1629頁），河平二年二月丙寅即公曆公元前27年3月13日。

初元元□□☐　73EJT27：32A
年年元□☐　73EJT27：32B
四月□□□□□□□□☐
四月戊辰，宛丞第☐　73EJT27：35A
☐……☐　73EJT27：35B
☐……　73EJT27：37

☐水守候、橐他塞尉□敢□☐　73EJT27：38

【校釋】

原簡「候」字後有一「／」號，從圖版來看，該符號並非原簡存在的墨迹，據刪。

▨……▨ 73EJT27：39

▨□□宜起□▨ 73EJT27：40

□野……受福▨ 73EJT27：41A

……▨ 73EJT27：41B

▨……定為農都尉從史，遣之強□取衣用▨
▨……移過所縣道津關，當舍傳舍，……▨
▨圂兼行事，謂過所縣道……▨ 73EJT27：50

▨……藥卿年廿七，元始元年十一月□□ ……卅五……
▨□三年十一月丙午除 □□長……二年
▨ □□□□□□□□□□……二□
73EJT27：51

▨坐擅離署 ▨
▨地節三年五月丙辰朔丁巳〔1〕，守丞畢獄□▨ 73EJT27：52

【集注】

〔1〕地節三年五月丙辰朔丁巳：地節，漢宣帝劉詢年號。據徐錫祺（1997，1549頁），地節三年五月丁巳即公曆公元前67年6月2日。

▨□□□□□□□□▨ 73EJT27：53A
▨□不敢受也 ▨ 73EJT27：53B

【校釋】

A面何茂活（2016E，196頁）補釋作「□敢□再拜□」。今按，補釋可從，但該行文字右半缺失，不能確知，當從整理者釋。

▨欲往取旦送之 ▨ 73EJT27：54

▨□相下當用者 73EJT27：55

□□□□□□□□▨
甲午蘭入表行□▨ 73EJT27：60A
……▨ 73EJT27：60B

▨□占字游卿 ▨ 73EJT27：64

▨直五十今▨ 73EJT27：68

☐子真☐
☐□□□☐　　73EJT27：70

居延司馬令☐　　73EJT27：72

【校釋】

姚磊（2019D1）綴合該簡和簡 73EJT25：49。今按，兩簡茬口不能密合，且出土於不同探方，或不可綴合。

☐鹽名籍☐　　73EJT27：73A
☐憂也幸☐　　73EJT27：73B

☐自言為家私市張☐
☐……☐　　73EJT27：74

☐候望　　73EJT27：75

☐水守尉望☐
☐□□□☐　　73EJT27：78

【校釋】

第二行葛丹丹（2019，1777 頁）補釋作「□數有」。今按，補釋或是，該行文字左半缺失，不能確知，當從整理者釋。

☐關隧長田恭〔1〕食時受□□　　73EJT27：81A
☐　隧長田恭　　73EJT27：81B

【集注】

〔1〕田恭：人名，為隧長。

☐敢言之　　73EJT27：84

☐　／掾宣〔1〕、令史望〔2〕　　73EJT27：85

【集注】

〔1〕宣：人名，為掾。

〔2〕望：人名，為令史。

☐□奈何乎，宣〔1〕伏地再拜☐
☐……伏地☐（削衣） 73EJT27：86

【集注】

〔1〕宣：人名，為致信者。

甘露□☐
青〔1〕伏地再拜☐
甘露□☐ 73EJT27：89A
甘　☐
露　☐ 73EJT27：89B

【集注】

〔1〕青：人名，為致信者。

君遣□☐
□□☐（削衣） 73EJT27：90
☐□使□☐ 73EJT27：91
☐□□叩頭言☐
☐安君毋恙，再☐
☐□□□□□□☐（削衣） 73EJT27：94
☐□大移移□☐

☐妻子毋蒙畜☐（削衣） 73EJT27：95

【校釋】

「畜」原作「春」，何茂活（2016E，197頁）釋。

☐地言　☐
☐足下……☐ 73EJT27：96

☐士吏□☐
☐□□□得子明力，詳察諸☐
☐明數教督，迫不及□☐
☐□再拜再☐（削衣） 73EJT27：103+101

【校釋】

姚磊（2016I4）綴。

▨　黃君倩▨（削衣）	73EJT27：104
▨御器具▨（削衣）	73EJT27：105
▨□託莎▨（削衣）	73EJT27：106
▨□長▨（削衣）	73EJT27：107
▨伏□▨（削衣）	73EJT27：108

▨□寧歸〔1〕　▨　　73EJT27：109

【集注】

〔1〕寧歸：陳直（2009，139頁）：寧謂歸家料理喪事也。

趙蘭香（2004，214頁）：為父母喪而得到的休假稱為「寧」。李斐曰：「休謁之名，吉曰告。凶曰寧」。休喪假也叫做「取寧」或「歸寧」。

今按，諸說是。寧歸即奔喪歸家。《漢書・哀帝紀》：「博士弟子父母死，予寧三年。」顏師古注：「寧謂處家持喪服。」

▨□▨（削衣）	73EJT27：114
▨□急□▨（削衣）	73EJT27：115
□▨ □□君□□▨（削衣）	73EJT27：116
▨…… ▨□□不敢在有□▨	73EJT27：117
▨□入賜叩頭▨	73EJT27：120A
▨恙，因道▨	73EJT27：120B
▨□□□□丞候長則▨（削衣）	73EJT27：121
……▨	73EJT27：122A
……▨	73EJT27：122B
▨……▨（削衣）	73EJT27：123
▨丞道▨	73EJT27：124
▨縹□▨ ▨□少□▨（削衣）	73EJT27：125

☐　使□☐（削衣）	73EJT27：126
☐□樂君□☐	73EJT27：127A
☐□□公之□☐	73EJT27：127B
☐　□叩□☐（削衣）	73EJT27：130
☐□□謁□☐	73EJT27：131
☐……並山□☐	73EJT27：132
守府□☐	73EJT27：133
☐□□□☐（削衣）	73EJT27：135
☐□□☐（削衣）	73EJT27：136
☐十二□　□□☐	73EJT27：137
☐□□☐	73EJT27：140
☐□□中謹□☐	73EJT27：141
☐君回☐	73EJT27：142A
☐君廿□☐	73EJT27：142B

肩水金關 T28

正月癸卯　　73EJT28：3

☐……金城、安定〔1〕、武威、張掖、酒泉、敦煌大守、屬國
☐……聞能頗不如實，盜賊發多，民自言留不決　　73EJT28：8A
☐□大　　73EJT28：8B

【集注】

〔1〕安定：漢郡名，《漢書・地理志下》：「安定郡，武帝元鼎三年置。」

甘露三年正戊戌□□☐
迎逢表苣火約各如牒，檄到，候尉□☐
假天陰風雨，不見蓬表苣火，人走傳相告☐　　73EJT28：13A
正月庚子，肩水候福〔1〕謂候長廣宗〔2〕☐
誤亂，它如尉丞卿檄書律令☐　　73EJT28：13B

【校釋】

A 面第一行「正」後胡永鵬（2016A，246 頁）指出漏書「月」字。今按，說是。

【集注】

〔1〕福：人名，為肩水候。

〔2〕廣宗：人名，為候長。

二月丁丑，告金關隧長賢友〔1〕等：前官令賢□□▨
各傳□□□□……□□治所□□□□▨　　73EJT28：14A
▨□候史捐之〔2〕，記到，趣縣索□亭四斤行▨
▨□□記　▨　　73EJT28：14B

【集注】

〔1〕賢友：人名，為金關隧長。

〔2〕捐之：人名，為候史。

甘露三年四月甲寅朔丙辰〔1〕，平樂隧長明〔2〕敢言之
□□病卒爰書一編，敢言之。　　73EJT28：16

【集注】

〔1〕甘露三年四月甲寅朔丙辰：甘露，漢宣帝劉詢年號。據徐錫祺（1997，1581頁），甘露三年四月丙辰即公曆公元前51年5月8日。

〔2〕明：人名，為平樂隧長。

甘露三年五月癸未朔甲午〔1〕，平樂隧長明〔2〕敢言之：治所檄曰□□□……移檄到，遣
□□詣官，會己酉旦。謹案，戍卒三人，其一人吳憙〔3〕，迺能莎上疾溫〔4〕，幸少偷〔5〕，其毛足進易皮□出　　73EJT28：18

【校釋】

末行「偷」原作「愉」，該字圖版作，似當從「人」，劉豔娟說。

【集注】

〔1〕甘露三年五月癸未朔甲午：甘露，漢宣帝劉詢年號。據徐錫祺（1997，1581頁），甘露三年五月甲午即公曆公元前51年6月15日。

〔2〕明：人名，為平樂隧長。

〔3〕吳憙：人名，為戍卒。

〔4〕疾溫：陳直（2009，204頁）：疾溫者春秋時瘟疫之症也。

今按，說或是。「溫」或指中醫所謂熱病。《素問·生氣通天論》：「冬傷於寒，春必病溫。」

〔5〕偷：陳槃（2009，198頁）：案「偷」「愈」古通。二字並從「俞」得聲，故「偷」亦或讀作「愈」。病愈，病差也。

今按，其說是。「偷」通「愈」。愈指病情好轉。《孟子·公孫丑下》：「昔日疾，今日愈。」

☐……毋狀，已劾，免 73EJT28：19

☐張……定居司馬令史武賢……

☐走…… 73EJT28：21

知所薪著侵街，毋令到不辦，毋忽如律 73EJT28：26

迺甲寅病，見卒一人亭四道行書，南去沙頭〔1〕十一里，去金關〔2〕隧六百卅步，去莫當〔3〕隧四里 73EJT28：81+28

【校釋】

姚磊（2016I1）綴。該簡侯旭東（2016，34頁）指出類似於「亭間道里簿」。今按，綴合後來看，當非「亭間道里簿」。

【集注】

〔1〕沙頭：亭名。

〔2〕金關：隧名。

〔3〕莫當：隧名。

☐年二月乙卯朔乙丑，東部候長廣宗〔1〕敢言之

☐…… 73EJT28：29+92

【校釋】

姚磊（2016I3）綴。該簡年屬，黃艷萍（2015B）、胡永鵬（2016A，95頁）均指出為甘露三年（前51）。今按，說是。甘露，漢宣帝劉詢年號。據徐錫祺（1997，1581頁），甘露三年二月乙丑即公曆公元前51年3月18日。

【集注】

〔1〕廣宗：人名，為東部候長。

鴻嘉四年二月丁卯朔☑
……☑　　73EJT28：33

·肩水候官甘露二年二月戊寅〔1〕，士吏☑　　73EJT28：34A
出錢五百卌徐□以庚辰　☑　　73EJT28：34B

【集注】

〔1〕甘露二年二月戊寅：甘露，漢宣帝劉詢年號。據徐錫祺（1997，1579頁），甘露二年二月戊寅即公曆公元前52年4月5日。

☑堠富昌等發，不以為意□　　73EJT28：37
僕行道某者先明毋目即☑　　73EJT28：38

騂北亭長宗〔1〕敢言之☑　　73EJT28：39

【集注】

〔1〕宗：人名，為騂北亭長。

元康二年閏月☑　　73EJT28：40

甘露三年二月乙卯朔庚午〔1〕，肩□……吏昌敢言之：謹
移廣地省卒不貰賣衣財物名籍爰……編，敢言之。　　73EJT28：55+44

【校釋】

姚磊（2016I1）、（2018E，30頁）遙綴，且認為「爰」字當存疑待考。

【集注】

〔1〕甘露三年二月乙卯朔庚午：甘露，漢宣帝劉詢年號。據徐錫祺（1997，1581頁），甘露三年二月庚午即公曆公元前51年3月23日。

地節四年三月辛巳朔己丑〔1〕，西鄉佐昌〔2〕敢言☑
私市張掖、酒泉郡中□□□☑　　73EJT28：46A
九月癸未，左世〔3〕以來　☑　　73EJT28：46B

【集注】

〔1〕地節四年三月辛巳朔己丑：地節，漢宣帝劉詢年號。據徐錫祺（1997，1551頁），地節四年三月己丑即公曆公元前66年4月30日。

〔2〕昌：人名，為西鄉佐。

〔3〕世：人名，為佐。

☑□民或　73EJT28：49

☑□死莫耐□☑　73EJT28：51

【校釋】

姚磊（2017A1）綴合以上兩簡。今按，兩簡形制，字體筆迹等較為一致，但不能直接拼合。

地節三年九月甲寅朔乙丑〔1〕，土鄉佐勝〔2〕敢告尉☑　73EJT28：53A

五月乙亥□收以來　☑　73EJT28：53B

【集注】

〔1〕地節三年九月甲寅朔乙丑：地節，漢宣帝劉詢年號。據徐錫祺（1997，1550頁），地節三年九月甲寅朔，十二日乙丑，為公曆公元前67年10月8日。

〔2〕勝：人名，為土鄉佐。

謂隧長賢友〔1〕等，尉丞卿送刺史都吏北遷谷壹二行東塞，檄到，賢友等☑
73EJT28：54

【集注】

〔1〕賢友：人名，為隧長。

十五日到府與衛卿卿飲一宿　魚二百卌頭　□□□□□□
□□□　□□□　闌取錢五千予卒　73EJT28：58

狀〔1〕：公乘，氐池先定〔2〕里，年卅六歲，姓樂氏，故北庫嗇夫。五鳳元年八月甲辰〔3〕，以功次遷為肩水士吏，以主塞吏卒為職☑
戍卒趙國〔4〕柏人〔5〕希里〔6〕馬安漢〔7〕等五百六十四人，戍詣張掖，署肩水部〔8〕。至□□到酒泉沙頭〔9〕隧，閱具簿〔10〕□☑　73EJT28：63A
迺五月丙辰，戍卒趙國柏人希里馬安漢，戍詣張掖，署肩水部，行到沙頭隧，閱具簿□□□□□□□亡〔11〕滿三☑
甘露二年六月己未朔庚申〔12〕，肩水士吏弘〔13〕別迎三年戍卒……候，以律令從事□□□☑　73EJT28：63B

【集注】

〔1〕狀：陳直（2009，139 頁）：保舉與參劾之狀，皆稱姓不稱名，形式相似。與兩漢公牘稱名不稱姓之例，適得其反，此點亦為漢代古籍所未詳。

徐世虹（1998B，55 頁）：所謂「狀辭」，含義為無狀者之辭。換言之，狀辭是違禁犯律者的行為記錄，狀即為其具體行為。從這個意義出發，狀辭也許可以理解為「罪狀之辭」，但需要明確的是，狀行為的發生者是「毋狀者（被劾者）」，「辭」作者則是劾者。

黎明釗（2014，13～14 頁）：此牘顯示趙國戍卒有個別逃亡的現象。此枚木牘以「狀」開首，推測「狀」指提出起訴的「狀辭」，但此文書是一份不完整的起訴書。

今按，諸說是。該「狀」即指劾狀中的狀辭，其具體內容包括原告身份等的說明，以及被告的犯罪事實及調查處理情況等。

〔2〕先定：里名，屬氐池縣。

〔3〕五鳳元年八月甲辰：五鳳，漢宣帝劉詢年號。據徐錫祺（1997，1570 頁），五鳳元年八月甲辰即公曆公元前 57 年 9 月 24 日。

〔4〕趙國：周振鶴（2017，84 頁）：景帝五年，分邯鄲郡復置趙國，廣川王彭祖徙王趙，是為敬肅王。邯鄲郡餘地置為魏郡。

今按，說是。《漢書・地理志下》：「趙國，故秦邯鄲郡，高帝四年為趙國，景帝三年復為邯鄲郡，五年復故。莽曰桓亭。屬冀州。」

〔5〕柏人：漢趙國屬縣。《漢書・地理志下》：「柏人，莽曰壽仁。」

〔6〕希里：里名，屬柏人縣。

〔7〕馬安漢：黎明釗（2014，13 頁）：甘露二年六月「馬安漢等五百六十四人戍詣張掖」，表示這 564 名的戍卒是徵發後一起前來邊區，似乎是同一次調遣。同時這批戍卒是以郡國為單位，一起被派往肩水部駐防。

今按，說是。馬安漢為從趙國徵調到張掖郡服役的戍卒，和其一起的趙國戍卒共 564 人。

〔8〕肩水部：市川任三（1987，229 頁）：「肩水部」就不會是肩水都尉府肩水候官下的一個候（部），而應當是指肩水都尉府。

今按，說是。該簡「肩水部」當指肩水都尉府。

〔9〕沙頭：隧名。

〔10〕閱具簿：李天虹（2003，154 頁）：「閱具」，清點、計數。《說文》「閱，具數於門中也」，《繫傳》「具數，一一數之也」，則驛馬閱具簿就是清點、盤查驛馬數目的文簿。

黎明釗（2014，14 頁）：《說文》曰：「閱，具數於門中也」，有會計查點的意思，由於此都只提及「閱具簿」，未知是指器物的簿籍，抑或馬匹的簿籍。

今按，諸說是。該簡閱具簿是說清點馬安漢等 564 名戍卒的簿籍。

〔11〕亡：黎明釗（2014，14 頁）：「亡」是逃亡、逋亡的意思。漢代稱逃避徭役為「逋事」，已被徵發到服徭役的地方，但逃亡別去，就叫做「乏徭」。

今按，說是。該簡「亡」應是說到沙頭隧清點戍卒名籍的時候，發現有戍卒逃亡。

〔12〕甘露二年六月己未朔庚申：甘露，漢宣帝劉詢年號。據徐錫祺（1997，1579 頁），甘露二年六月庚申即公曆公元前 52 年 7 月 16 日。

〔13〕弘：人名，即樂弘，為肩水士吏。

☐□如書，毋官獄徵事，當得為傳，移過所縣邑侯國☐
☐國丞／掾千秋〔1〕／令史彭祖〔2〕／令忠臣☐ 73EJT28：64

【集注】

〔1〕千秋：人名，為掾。

〔2〕彭祖：人名，為令史。

☐皆毋所見，即馳南，夜□☐ 73EJT28：68
制曰：刺史之部，明教吏謹□☐ 73EJT28：71
肩水守候☐（削衣） 73EJT28：72
☐　䴢關嗇夫□☐ 73EJT28：74
☐東部守☐ 73EJT28：75
☐告尉史□直□□□□自☐
☐□令從事，敢告尉史☐ 73EJT28：80
八百七十二犢丸□直二□□十□□☐ 73EJT28：84A
許光｜光……癸酉☐ 73EJT28：84B

☐□東部候長廣宗〔1〕敢言之：謹移吏卒被 73EJT28：88

【集注】

〔1〕廣宗：人名，為東部候長。

……伏地再拜請☑　　73EJT28：89A

□人□□等幸甚☑　　73EJT28：89B

觻得　☑　　73EJT28：91A

君　☑　　73EJT28：91B

馳南亭長射樂闕以臨□☑　　73EJT28：97

【校釋】

張俊民（2015A）釋「馳」為「駁」，「臨□」釋「劍刃」。今按，從圖版來看，整理者釋讀不誤，改釋不妥。

☑□皆百廿五石尉奉　□　尉白建等，穀皆積亭☑　　73EJT28：99

☑鄭光尉史☑　　73EJT28：100

☑買皁衣者，唯卿哀憐，為湯問☑　　73EJT28：106

未能汲齊舂靡徼迹，見二作它歲隧有堠、馬矢〔1〕。今年未昭有古日夜取堠、馬，唯治所塞官，今治所檄

曰：遣卒一人，索五日食，詣治所取堠，明請便道，將要虜〔2〕卒南取堠及馬，願□□高等謁執，敢言之。　　73EJT28：107

【集注】

〔1〕馬矢：羅振玉、王國維（1993，151頁）：《墨子·備城門篇》：「鑿渠、鑿坎，覆以瓦，冬日以馬夫寒。」又云「灰康粃杯馬夫，皆謹收藏之。」「馬夫」二字，義不可解。然杜氏《通典》所載「守拒法」，實節《墨子》文為之，中有「灰麩糠粃馬矢」語，則「馬夫」實「馬矢」之誤，馬矢可燒可塗，故塞上多儲之也。

初師賓（1984A，183頁）：凡此等灰、污、毒、刺之物，很能眯傷敵人耳目，擾亂其進攻勢頭。守禦器之馬牛屎（矢）作用同此，但須是乾燥碎末。

今按，諸說是。「矢」通「屎」，馬矢即馬屎。

〔2〕要虜：隧名。

☒□癸酉朔辛巳，□☒
☒酒泉郡中□☒　　73EJT28：111

☒寫移　　73EJT28：112

☒丑，執適〔1〕隧長臈之〔2〕敢言之☒
☒□罷軍〔3〕迺丙子從省來，道疾☒　　73EJT28：113

【集注】

〔1〕執適：隧名。

〔2〕臈之：人名，為執適隧長。

〔3〕罷軍：人名。

☒卒為部伐胡麻〔1〕，取☒　　73EJT28：114

【集注】

〔1〕胡麻：勞榦（1960，46頁）：胡麻即巨勝，《抱朴子》稱可延年，小說中所謂神仙胡麻飯者。沈括《筆談》以為張騫得自西域。今名芝麻，用以作油。

今按，說是。胡麻今西北一帶尚廣泛種植，為油料作物。

☒月己巳，置佐禹市☒　　73EJT28：115

☒君傳致未亡孟☒　　73EJT28：119

☒氐池奉德〔1〕　☒　　73EJT28：121

【集注】

〔1〕奉德：趙海龍（2014D）：依據漢代登記信息時採用的「縣名+里名」原則，此條簡文應為氐池縣奉德里。

今按，說當是。「奉德」為里名，屬氐池縣。

或　☒　　73EJT28：122

☒未央☒　　73EJT28：123

居延都尉守屬□☒（削衣）　　73EJT28：124

☒□日□☒
☒計唯☒（削衣）　　73EJT28：125

【校釋】

姚磊（2016I1）綴合該簡和簡 73EJT28：142。今按，兩簡均為削衣，未有密合的茬口，當不能直接拼合。

⍁檄到，各逐（削衣）　　73EJT28:126

————木□⍁　　73EJT28:130

⍁辛丑⍁　　73EJT28:132

⍁六月乙丑去署盡□⍁（削衣）　　73EJT28:135

伏地再拜請⍁
長賓足下　⍁（削衣）　　73EJT28:136

⍁□□□分⍁　　73EJT28:137

⍁癸未□⍁（削衣）　　73EJT28:138

⍁倚□⍁（削衣）　　73EJT28:139

⍁□　⍁（削衣）　　73EJT28:140

⍁幼□⍁
⍁毋恙⍁（削衣）　　73EJT28:142

【校釋】

姚磊（2016I1）綴合簡 73EJT28：125 和該簡。今按，兩簡均為削衣，未有密合的茬口，當不能直接拼合。

⍁□□百卌里
⍁□騂□□卌五里
⍁九十里（削衣）　　73EJT28:143

⍁北⍁（削衣）　　73EJT28:144

⍁□□⍁（削衣）　　73EJT28:145

⍁以□⍁（削衣）　　73EJT28:146

肩水金關 T29

⍁　□子與金關關□⍁
謁　□廣意再拜　⍁（削衣）　　73EJT29：6
　　73EJT29：7

……▨
□□□數辱賜記二封、錢二百▨
□□□能市橐，謹與趙子路〔1〕入▨
□□□□唯少孫為子路約其記▨　　73EJT29：10A+19A
……少孫毋已時死，不敢▨
□□收收記□▨　　73EJT29：19B+10B

【校釋】

姚磊（2019D2）綴合。A 面第二行「能市橐謹」原 73EJT29：19A 簡作「□卿屬□」，B 面第二行「收收記□」原 73EJT29：10B 簡作「致收記充」，均綴合後釋。

【集注】

〔1〕趙子路：人名。

神爵四年七月癸亥朔辛未〔1〕，右後□長□敢言之：府移表火舉□▨
言，會月七日。謹以表火舉書逐辟捕驗問□□如牒，敢言▨　　73EJT29：11

【集注】

〔1〕神爵四年七月癸亥朔辛未：神爵，漢宣帝劉詢年號。據徐錫祺（1997，1568 頁），神爵四年七月辛未即公曆公元前 58 年 8 月 28 日。

▨善毋恙，良▨（削衣）　　73EJT29：12

甘露二年十二月己巳〔1〕，候長廣宗〔2〕謂▨　　73EJT29：14+41

【校釋】

姚磊（2016I2）綴。

【集注】

〔1〕甘露二年十二月己巳：甘露，漢宣帝劉詢年號。據徐錫祺（1997，1580 頁），甘露二年十二月己巳即公曆公元前 51 年 1 月 21 日。

〔2〕廣宗：人名，為候長。

府，敢言之▨　　73EJT29：15A
……▨　　73EJT29：15B

正月　騂北亭長宗▨　73EJT29：16

肩水都尉守卒史政〔1〕　▨　73EJT29：18

【集注】

〔1〕政：人名，為守卒史。

▨□宜以細□▨
▨地再拜□▨　73EJT29：25A
▨敢陳辤，謹▨　73EJT29：25B

▨□八，長七尺二寸，黑色。牛車一兩、麥五十石▨
▨西鄉嗇夫充〔1〕敢言之：成▨
▨□如牒，謁移肩水金關，出，來▨　73EJT29：28A
▨　牛車一兩　▨　73EJT29：28B

【校釋】

A 面「牛車一兩、麥五十石」和同簡其餘文字字體筆迹不同，當為二次書寫。

【集注】

〔1〕充：人名，為西鄉嗇夫。

三月丙辰，肩水關佐信〔1〕以私印兼行候事，敢言之：謹移　73EJT29：29
移，敢言之。／佐信　73EJT29：30

【校釋】

以上兩簡形制相同，字體筆迹一致，內容相關，當屬同一簡冊，或可編連。又簡 29「肩水關佐信以私印兼行候事」和同簡其他文字字體筆迹不同，當為定稿之後才填入的發文者。

【集注】

〔1〕信：人名，為肩水關佐。

□　▨
卿從車　▨　73EJT29：32

十月丁亥，張掖肩水……都尉▨

書從事下當用者，如詔書。／屬臨▨　　73EJT29：34+36

【校釋】

姚磊（2016I2）綴。

▨……▨
▨來毋留，如律令▨　　73EJT29：37

長賓君伏地……▨▨
□□□王舒君□□▨　　73EJT29：38A
子賓足下：善毋恙▨
察官事□□□▨
……▨　　73EJT29：38B

告隧長賢友〔1〕等趣作治，累▨　　73EJT29：42

【集注】

〔1〕賢友：人名，為隧長。

數列星之分□▨　　73EJT29：44

甘三年三月乙　▨　　73EJT29：49

【校釋】

胡永鵬（2015，27頁）、（2016A，247頁）認為「甘」下原簡脫「露」字。今按，說是，當為原簡書漏。

若有代，罷，如律令▨　　73EJT29：55A
……　▨
十月辛亥，成自受書　▨　　73EJT29：55B

▨甘露二年十二月丙▨　　73EJT29：62

甘露二年五月己丑朔甲寅〔1〕，□▨　　73EJT29：63

【集注】

〔1〕甘露二年五月己丑朔甲寅：甘露，漢宣帝劉詢年號。據徐錫祺（1997，1579頁），甘露二年五月甲寅即公曆公元前52年7月10日。

武〔1〕謹伏地再拜請□☐　　73EJT29：65A

此表火時□☐　　73EJT29：65B

【集注】

〔1〕武：人名，為致信者。

六月己卯，溫丞當時〔1〕謹移過所縣邑侯國☐　　73EJT29：68

【集注】

〔1〕當時：人名，為溫縣丞。

☐□□□□□□□□□□□□毋官獄徵事，當☐

☐□長酇侯國〔1〕相憙〔2〕移過所縣邑，勿河留止，如律☐　　73EJT29：74

【校釋】

「酇」原作「鄭」，據字形當作「酇」。

【集注】

〔1〕酇侯國：馬孟龍（2013A，370頁）：《志》沛、南陽皆有酇。初封於沛郡之酇，後更封南陽郡，故見載於《秩律》。高后元年短暫除國。

趙海龍（2014D）：單純從「酇」字書寫上看，此處之「酇」應當為南陽郡之酇縣；從「酇侯國」來看，由於肩水金關漢簡記載的多為漢武帝以來的歷史，酇侯國已經更封於南陽郡，則此處的「酇侯國」應當為南陽郡酇侯國。因此不論從「酇」字還是從「酇侯國」來說，此條簡文的「酇侯國」都應當為南陽郡酇侯國。

今按，沛郡有酇縣，《漢書・地理志上》：「酇，莽曰贊治。」顏師古注：「此縣本為鄌，應音是也。中古以來借酇字為之耳，讀皆為鄌，而莽呼為贊治，則此縣亦有贊音。」南陽郡有酇侯國，《漢書・地理志上》：「酇，侯國。莽曰南庚。」顏師古注：「即蕭何所封。」

〔2〕憙：人名，為酇侯國相。

☐毋忽，如律令　　73EJT29：75

☐將軍行水□□☐　　73EJT29：78

☐德□肩水候表☐（削衣）　　73EJT29：81

☐　五月朔大☐　　73EJT29：82

⍁□緯綬衣……⍁ 73EJT29：88A

⍁誄古惡〔1〕，毋敢者　⍁ 73EJT29：88B

【集注】

〔1〕古惡：王念孫（1985，225 頁）：見郡國多不便縣官作鹽鐵。器苦惡，賈貴。如淳曰：「苦，或作盬，不功嚴也。」臣瓚曰：「謂作鐵器，民患苦其不好也。」師古曰：「二說非也。鹽既味苦，器又脆惡，故揔云苦惡也。」念孫案：如說是也。苦讀與盬同，《唐風・鴇羽》傳云「盬，不功致也」。言鐵器既苦惡，而鹽鐵之價又貴也。《史記・平準書》作：「見郡國多不便縣官作鹽鐵，鐵器苦惡，賈貴。」《鹽鐵論・水旱篇》：「今縣官作鐵器多苦惡。」皆其證。師古讀苦為甘苦之苦，而以鹽鐵器苦惡連讀，斯文不成義矣。《高惠高后文功臣表》云：「道橋苦惡。」《息夫躬轉》云：「器用盬惡。」《匈奴傳》云：「不備善而苦惡。」《管子・度地篇》云：「取完堅，補弊久，去苦惡。」書傳言苦惡者多矣，若讀如甘苦之苦，則其義皆不可通。

今按，說是。「古」通「盬」，盬惡是說粗劣，不堅固。而《史記・平準書》：「式既在位，見郡國多不便縣官作鹽鐵，鐵器苦惡，賈貴，或彊令民賣買之。」司馬貞《索隱》曰：「器苦惡。苦音楛，言苦其器惡而買賣也。言器苦窳不好。凡病之器云苦。」則司馬貞所說亦非是。

⍁　元康元年，庫佐德〔1〕、工定〔2〕繕〔3〕，護工卒史遂〔4〕、丞常〔5〕、令仁〔6〕臨〔7〕 73EJT29：92

【集注】

〔1〕德：人名，為庫佐。

〔2〕定：人名，為工。

〔3〕繕：修補，使完備。《左傳・襄公三十年》：「聚禾粟，繕城郭。」《漢書・高帝紀上》：「繕治河上塞。」顏師古注：「繕，補也。」

〔4〕遂：人名，為護工卒史。

〔5〕常：人名，為丞。

〔6〕仁：人名，為令。

〔7〕臨：《說文・臥部》：「臨，監臨也。」臨在此處當是親臨，察視的意思。

⍁□廷獄置自言取傳，為郡輸錢武□⍁ 73EJT29：93

⍁□□事家室毋恙□⍁（削衣） 73EJT29：94

堅塊不脩治，封埒埤〔1〕陜小解隨，甚毋狀，以責尉部候長，檄到，賢友〔2〕等各令 73EJT29：98

【集注】

〔1〕封埒埤：「埒」指矮墻。《說文．土部》：「埒，卑垣也。」「埤」指「埤堄」，為城上矮墻。則「埒埤」當為同義連用，指矮墻。《急就篇》卷三：「頃町界畝畦埒封。」顏師古注：「埒者，田間堳道也。一說，謂瘅垣也。今之圃或為短墻，蓋埒之謂也。封，謂聚土以為田之分界也。」則該簡「封埒埤」蓋指邊境封界上的矮墻。

〔2〕賢友：人名。

丁子平〔1〕　□　田次君〔2〕 73EJT29:105A
捐之〔3〕伏地再拜請　□　□　□ 73EJT29:105B

【集注】

〔1〕丁子平：人名。

〔2〕田次君：人名。

〔3〕捐之：人名，為致信者。

迺壬辰夜，不知何二步人迹，蘭越肩水金關隧塞天田入⍁
五鳳三年五月丙子朔癸巳〔1〕，肩水候長則□⍁ 73EJT29:107

【校釋】

第一行「人」字原釋文作「入」，該字圖版作，當為「人」字。簡文「迺壬辰夜」「二」「越肩水」等字較小，且和同簡其他文字字體筆迹不同，明顯是後來添加上去的。又「人」字雖然較大，但從書寫風格來看，亦當是後來寫上去的。頗疑「二人」當填入「何步」之間作「何二人步」，但由於「何步」二字之間空間太小，所以將「人」字寫在了「步」字後。這樣寫完後，「人」和「迹」之間尚有可容一字的空間。該簡為上報發現有人蘭越塞天田痕迹的文書，應當先寫有一定的程式，上報時只需填入具體的時間和人物即可。「不知何二人步迹」即不知道兩個什麼人的步迹。

【集注】

〔1〕五鳳三年五月丙子朔癸巳：五鳳，漢宣帝劉詢年號。據徐錫祺（1997，1573頁），五鳳三年五月癸巳即公曆公元前55年7月5日。

明〔1〕伏地再拜請

少平〔2〕足下：屬決不盡悉，謹道明賣履一兩〔3〕□□□七十，明唯少平從歲取。幸以為明買鮮魚五十頭，即錢少平已得五十頭，不得卌頭，唯留意□欲內之，明

73EJT29：114A

叩頭叩頭幸甚。素毋補益左右，欲以細苛于治，叩頭叩頭，唯薄怒善視黃卿，毋以事為趣，願必察之，謹伏地再拜。·奏

少平足下　　葉卿·吳幼闌　　73EJT29：114B

【集注】

〔1〕明：人名，為致信者。

〔2〕少平：受信者，少平為其字。

〔3〕履一兩：「履」即鞋。《說文·履部》：「履，足所依也。」履一兩即鞋一雙。

甘露二年三月庚寅朔丙辰〔1〕，東部候長

廣宗〔2〕敢言之：迺甲寅病溫，四支不舉，未　　73EJT29：115A

能視事，謁報，敢言之。　　73EJT29：116

王廣宗印

三月乙卯，騂北卒齊〔3〕以來　　73EJT29：115B

【校釋】

簡73EJT29：115B「乙卯」原作「己卯」，胡永鵬（2016A，239頁）、（2016B，155頁），黃艷萍（2016B，137頁）、（2018，140頁），郭偉濤（2017C）、（2019，107頁），袁雅潔（2018，62頁）釋。

又以上兩簡何有祖（2016E）認為從形制、字迹等方面看，二簡形制接近，字迹相同，文意方面「未能視事」，頗為順暢。二簡當可連讀。今按，說是，二簡當屬同一簡冊，或可編連，但亦存綴合的可能。

【集注】

〔1〕甘露二年三月庚寅朔丙辰：甘露，漢宣帝劉詢年號。據徐錫祺（1997，1579頁），甘露二年三月丙辰即公曆公元前52年5月13日。

〔2〕廣宗：人名，即B面王廣宗，為東部候長。

〔3〕齊：人名，為騂北卒。

⧄□□千□死罪，幸有臧卿力，敞〔1〕再拜再拜

⧄□□□□□□自□，敞幸甚幸甚□□屬屬　　73EJT29：127

【集注】

〔1〕敞：人名，為致信者。

具少酒⧄

□謹⧄（削衣）　　73EJT29：129

⧄之居延⧄（削衣）　　73EJT29：131

⧄勳當□⧄（削衣）　　73EJT29：132

⧄□使□⧄（削衣）　　73EJT29：133

越□□⧄　　73EJT29：134

肩水金關 T30

城旦〔1〕五百人□施刑，詣居延屯作一日當二日□□□□□施刑□□淮陽郡〔2〕城父〔3〕幸里〔4〕□□作

日備〔5〕，謁移過所縣邑侯國津關，續食給法所當得，毋留，如律令，敢言之□□

九月丙午，居延軍候世〔6〕以軍中候⧄　　73EJT30：16+254

【校釋】

姚磊（2016I1）綴。第一行「屯作一日當二日」及第二行「作」原未釋，第三行「備」原作「前」，張俊民（2015A）、（2015C，37頁）釋。其中第二行簡末「作」、第三行「備」，姚磊（2016I1）綴合後亦釋。

又第一行「人」下一字張俊民（2015A）釋「皆」。今按，該字圖版作，從殘存左半字形來看，似不當為「皆」，當從整理者釋。又第一行「二日」下一字圖版作，或可釋「作」。

【集注】

〔1〕城旦：刑徒名，漢代徒刑之最重者，其名源於旦起築城。《史記·秦始皇本紀》：

「令下三十日不燒，黥為城旦。」裴駰《集解》引如淳曰：「《律說》：論決為髡鉗，輸邊築長城，晝日伺寇虜，夜暮築長城。」

〔2〕淮陽郡：周振鶴（2017，44～46頁）：高帝十一年置淮陽國封子友，有陳郡、潁川二郡。惠帝元年，淮陽國除，二郡屬漢。此後，呂后、文帝兩度以陳郡復置淮陽國。文帝十二年淮陽國除，分陳郡南部置汝南郡。景帝二年以陳郡、汝南置淮陽國、汝南國，三年皆除。宣帝元康三年，復置淮陽國……《漢志》淮陽國有陳、苦等九縣。宣帝元康三年至成帝元延末年的淮陽國與《漢志》所載相當（樂平當為鄉聚，可略而不記）；文帝十二年至宣帝元康二年之淮陽郡（國）比《漢志》淮陽國多一長平縣；惠帝元年至文帝十一年之陳郡（淮陽國）又多襄邑、傿、寧陵三縣。

黃浩波（2011B）、（2011C）、（2013A，277頁）：今以《肩水金關漢簡（壹）》所見簡文觀之，文帝十二年至宣帝元康三年之淮陽郡（國）比《地理志》淮陽國至少多有城父邑、新郪、譙、傿、長平、西華六縣邑；而傿縣之最終歸屬陳留郡則晚至宣帝元康三年。

今按，諸說是。《漢書・地理志下》：「淮陽國，高帝十一年置。莽曰新平。屬兗州。」

〔3〕城父：晏昌貴（2012，255頁）：（城父邑）《漢志》屬沛郡，《續漢志》屬汝南郡。

鄭威（2015，229頁）：《漢志》城父縣屬沛郡。前文談到，景帝三年（前154）淮陽國除，為淮陽郡，至宣帝元康三年（前63）復置國。簡文之「城父邑」，設置年代應在元康三年之前，淮陽復置國後，政區有所調整，城父劃歸鄰近的沛郡管轄。

今按，諸說是。沛郡下有城父縣。《漢書・地理志上》：「城父，夏肥水東南至下蔡入淮，過郡二，行六百二十里。莽曰思善。」據漢簡則城父曾屬淮陽郡。

〔4〕幸里：里名，屬城父縣。

〔5〕作日備：張俊民（2015C，37頁）：「作日」與「備」，用在漢代與之相應的勞役刑中應該就是「勞作」與勞作期滿。以前曾經看到過囚徒服役期滿申請減罪的文書，服役期滿與「作日備」估計就是一個意思。

今按，說當是。作日備即勞作日期完成。

〔6〕世：人名，為居延軍候。

樂世〔1〕奉錢車二兩
元康二年十二月　廣地士吏樂世迎奉錢敢言之：府吏與塞外吏家車
73EJT30：17

【校釋】

第一行文字為二次書寫，以小字書寫於簡右側。

【集注】

〔1〕樂世：人名，為廣地士吏。

元康二年八月丁卯朔甲申〔1〕，昭武左尉廣〔2〕為郡將漕〔3〕敢言：謹寫
罷卒名籍移，敢言之。 73EJT30：21A+87
佐安昌〔4〕、亭長齊〔5〕 73EJT30：21B

【校釋】

伊強（2015D）綴。

【集注】

〔1〕元康二年八月丁卯朔甲申：元康，漢宣帝劉詢年號。據徐錫祺（1997，1556頁），元康二年八月甲申即公曆公元前64年10月11日。

〔2〕廣：人名，為昭武左尉。

〔3〕將漕：「漕」即漕運，指通過水道運糧等。《玉篇・水部》：「漕，水轉運也。」將漕即率領漕運。《漢書・卜式傳》：「遷成皋令，將漕最。」顏師古注：「為縣令而又使領漕，其課最上。」

〔4〕安昌：人名，為佐。

〔5〕齊：人名，為亭長。

八月庚申，橐佗候賢〔1〕謂南部候長定昌〔2〕：寫移，書到，逐捕驗問害奴山
柎〔3〕等，言案致收責
□記，以檄言，封傳上計吏〔4〕，它如都尉府書律令。／尉史明〔5〕。
73EJT30：26

【集注】

〔1〕賢：人名，為橐佗候。

〔2〕定昌：人名，為南部候長。

〔3〕山柎：似為害奴名。

〔4〕上計吏：陳夢家（1980，121～122頁）：漢制，郡國歲上其計簿於京師，西漢以長史、守丞代郡守、國相赴京師，見《漢舊儀》《漢書·循吏（王成、黃霸）傳》。東漢制則如《百官志》所說「歲盡遣吏上計」，故稱「上計吏」，《後漢書·應奉傳》注引謝承《後漢書》曰「奉少為上計吏，許訓為計掾，俱到京師」。熹平六年鐘銘曰「熹平六年楗為國上計王翔奉」。《魏志·邴原傳》注引別傳曰「孔融在郡，教選計當任公卿之才，乃以鄭玄為計掾，彭璆為計吏（應為史），原為計佐」，可知掾、史、佐乃常設之官，而上計吏則為赴京師臨時所舉遣。《華陽國志·漢中士女志》曰「程苞……南鄭人也，光和二年上計吏」，而同書卷十二《士女目錄》有籌劃計曹史程苞，則苞平時為計曹之史。

今按，說是。上計吏為臨時所舉遷赴京師上計的官吏。

〔5〕明：人名，為尉史。

轉〔1〕伏地再拜請
幼卿〔2〕足下：善毋恙，甚苦道，來至，甚善。謹道幼卿屬從姑臧〔3〕送兵來
□聞轉，丈人緩急不，轉聞幼卿來至都倉□□□□留迫
□御史且至□故不敢□□，叩頭死罪死罪。幼卿即□□□

73EJT30：27A+T26：21A

緩急，以記齎〔4〕楊子游〔5〕，令轉聞丈人教急。轉幸甚，寒時幸近
衣進酒食，方秋虜為寇時，往來獨行關外，願慎之，身非有副〔6〕。
它來者時賜記，令轉幸聞幼卿毋恙，伏地再拜
幼卿足下。　奏皇幼卿。　宋子□。　73EJT30：27B+T26：21B

【集注】

〔1〕轉：人名，為致信者。

〔2〕幼卿：受信者，即B面末行皇幼卿，幼卿為其字。

〔3〕姑臧：漢武威郡屬縣，為郡治所在。《漢書·地理志下》：「姑臧，南山，谷水所出，北至武威入海，行七百九十里。」《後漢書·竇融轉》：「融至姑臧，被詔罷歸。」李賢注：「姑臧，縣名。屬武威郡，今涼州縣也。《西河舊事》曰：『涼州城昔匈奴故蓋臧城。』後人音訛，名『姑臧』也。」

〔4〕齎：付，交給。《漢書·循吏傳·文翁》：「減省少府用度，買刀布蜀貨。齎計吏以遣博士。」

〔5〕楊子游：人名。

〔6〕身非有副：身體沒有第二個，是說人只有一個身體，要保重。

宣〔1〕伏地言：
稚萬〔2〕足下：善毋恙。勞道〔3〕，決府，甚善〔4〕。願伏前〔5〕，會身小不快〔6〕，更河梁難〔7〕，以故不至門下
拜謁。幸財罪〔8〕，請少偷〔9〕伏前，因言：累以所市物〔10〕，謹使使再拜受〔11〕。幸
願稚萬以遣使〔12〕。天寒已至，須而以補，願斗食遣之〔13〕。錢少不足，請知數〔14〕。
撻奏〔15〕，叩頭幸甚，謹持使奉書，宣再拜。
稚萬……　張宣。　　　　　　　　　　　　　　　　73EJT30：28A
前寄書……言必代贛〔16〕取報言都尉府，以九月十六日
召禹〔17〕，對以表火□□□□責致八日乃出，毋它緩急，禹叩頭多問功如稚公〔18〕、少負聖君〔19〕、幼闌〔20〕、
子贛郵君〔21〕、莫旦龐物諸兒宜馬昆弟君都得之何齊．負贛春王子明君〔22〕、子卿長君〔23〕、子恩政君〔24〕、
回昆弟子文都君〔25〕．見朱贛中君〔26〕、子賓少平〔27〕諸嫂，請之孔次卿平君〔28〕、賞稛卿春君〔29〕、禹公幼闌
得換為令史去置甚善，辱幸使肩水卒史徐游君〔30〕、薛子真〔31〕存請，甚厚，禹叩頭叩頭。
今幼闌見署〔32〕何所，居何官，未曾肯教告，其所不及，子贛射罷未□
73EJT30：28B

【校釋】

A 面第八行「撻」字原作「推」，劉樂賢（2018B，302 頁）認為該字右邊明顯是「逄」，故該字應當改釋為「撻」。今按，該字圖版作[illegible]，從手從逄，當釋「撻」。

又「持」字劉樂賢（2018B，303 頁）當作不識字處理。末行「稚萬」原未釋，劉樂賢（2018B，303 頁）補釋。B 面第六行「賓」原作「實」，該字圖版作[illegible]，當為「賓」字。

【集注】

〔1〕宣：人名，即 A 面簡末張宣，為致信者。

〔2〕稚萬：劉樂賢（2018B，299 頁）：按照漢代人的寫信禮儀，寫信人要用字來稱呼對方，此處「稚萬」就是以字相稱。

今按，說是。稚萬為受信者。

〔3〕勞道：劉樂賢（2018B，300 頁）：「勞道」或「苦道」都是書信中的問候語，是說對方即收信人在路上辛苦或勞累了的意思。

今按，說是。

〔4〕決府，甚善：劉樂賢（2018B，300 頁）：決，或作「訣」，訣別。西北漢簡中所說的「府」，在大多數情況下是指都尉府。張宣和稚萬上次可能是在都尉府分手的。簡文「決府，甚善」大致是說，上次在都尉府分手後您一切都好。

今按，說是。

〔5〕願伏前：劉樂賢（2018B，300 頁）：此處「願伏前」的「伏」字，還是以理解為俯伏或匍匐更為合理。願伏前，是願意俯伏於您跟前的意思。

今按，說是。

〔6〕會身小不快：劉樂賢（2018B，301 頁）：是碰上身體有小恙的意思。不快，不適，有病。

今按，說是。

〔7〕更河梁難：劉樂賢（2018B，301 頁）：「更河梁難」處也可以讀斷。河梁，橋梁。更，可以訓為動詞「經」，也可以訓為連詞「與」或「和」。

今按，說是。更河梁難大概是說加上河上橋樑通行有困難，實際上表達了路途不便這樣一種意思。

〔8〕幸財罪：劉樂賢（2018B，301 頁）：幸，希望。財，通「裁」……幸財（裁）罪，希望減省（我因病不能前來問安的）罪過。

今按，說是。財當通裁。

〔9〕少偷：侯旭東（2017A，105 頁）：「請少偷伏前」的「偷」當通「踰」，表示稍過幾天。不能親往拜謁，則遣使並要呈少禮物。伏日與臘日一樣，是個重要節日，下級利用此機會拜謁上級，恐亦是常態。

劉樂賢（2018B，301 頁）：古書作「少愈」，也作「小愈」，是疾病稍有痊癒的意思。

今按，偷當通「愈」。指病情好轉。

〔10〕累以所市物：劉樂賢（2018B，302 頁）：意謂煩累您所購買的物品。這裏的「市」作動詞用，是購買的意思。

今按，說是。

〔11〕謹使使再拜受：劉樂賢（2018B，302 頁）：是說謹派專人前來領取。此處要領取或接受的，就是前文「累以所市物」中所說的「物」。

今按，說是。「使使」即派遣使者。

〔12〕願稚萬以遣使：劉樂賢（2018B，302 頁）：是說希望稚萬讓來取東西的人把東西取走。

今按，說是。

〔13〕天寒已至，須而以補，願斗食遣之：劉樂賢（2018B，302 頁）：從上下文猜測，這一段文字可能是說寒冷季節已至，我等著進補，希望您能讓人帶來一些食物。

今按，說是。

〔14〕錢少不足，請知數：劉樂賢（2018B，302 頁）：意思是說，錢少了或不夠的話，請告知數字。此處「少」與「不足」語義相近，似嫌重複，但古書和出土文獻確實可以如此表達。

今按，說是。

〔15〕撻奏：劉樂賢（2018B，303 頁）：「撻」是「拲」或「捧」的異構，與「奉」也是音義俱近。此處「撻奏」二字連讀，應大致相當於「奉奏」。

今按，說是。「撻」同「拲（捧）」，《說文・手部》：「拲，奉也。」

〔16〕贛：人名。

〔17〕禹：人名，為致信者。

〔18〕功如稚公：人名，公為敬稱，當字功如名稚。

〔19〕少負聖君：人名，君為敬稱，當字少負名聖。

〔20〕幼闌：人名。

〔21〕子贛郵君：人名，君為敬稱，當字子贛名郵。

〔22〕王子明君：人名，君為敬稱。當姓王字子明。

〔23〕子卿長君：人名，君為敬稱，當字子卿名長。

〔24〕子恩政君：人名，君為敬稱，當字子恩名政。

〔25〕子文都君：人名，君為敬稱，當字子文名都。

〔26〕朱贛中君：人名，君為敬稱。

〔27〕子賓少平：人名。當名少平字子賓。

〔28〕孔次卿平君：人名，君為敬稱，姓孔名平字次卿。

〔29〕賞稛卿春君：人名，君為敬稱。姓賞名春字稛卿。

〔30〕徐游君：人名，為肩水卒史。

〔31〕薛子真：人名，為肩水卒史。

〔32〕見署：蔡慧瑛（1980，280頁）：綜觀居延漢簡，「署」確實屬於一種官府機構，且與隧密不可分。蓋「署」即為隧長、隧卒處理公文，及眷屬住宿之處所也。

李天虹（2003，69頁）：署，官署、辦公處所，具體到簡文當指烽燧。「在署」「居署」「見署」含義相同，是在現署舍、現處所的意思。

富谷至（2018，109頁）：「在署」一詞同樣有「在工作場所」之意，但「在」無非是「在那裡」即「存在」，其對義詞為「不在」。

富谷至（2018，111頁）：「見署用穀」與「見在署用穀」相同。「見」為「實際上」之意，由「實際存在」到省略「在」來記。

今按，諸說多是。「見署」即在工作崗位。另參簡73EJC：433「居署」集注。

地節五年正月丙□☐ 73EJT30：33A

正月辛丑，郵人〔1〕同〔2〕以來☐ 73EJT30：33B

【集注】

〔1〕郵人：李均明（2004A，35～36頁）：負責傳遞郵件的人員稱「郵人」，《行書律》云：「有物故、去，輒代者有其田宅。有息，戶勿減。令郵人行制書、急書，復，勿令為它事。」從簡文中可知，「郵人」是專門從事郵遞的專業人員，由國家提供田宅，有死亡、離崗者，替代者接受此田宅。「郵人」還有免除部分徭役的優待，邊遠地區尤其如此……特殊地區由士卒執行行書任務，《行書律》云：「畏害及近邊不可置郵者，令門亭卒、捕盜行之。」今居延及敦煌漢簡所見沿長城障隧之郵路，皆由戍卒代行郵人職責，簡文稱之為「郵卒」「驛卒」，大多則單稱「卒」……除郵人及戍卒之外，漢簡尚見以弛行徒行書者。

今按，說是。郵人即傳遞郵書的人員，漢簡所見多由戍卒充任。

〔2〕同：人名，為郵人。

河平三年正月庚寅朔庚寅〔1〕，騂北亭長章☐

守御器簿一編，敢言之。 ☐ 73EJT30：34A

……☐ 73EJT30：34B

【校釋】

A 面「章」原未釋，姚磊（2017C2）、（2018E，101 頁）補。

【集注】

〔1〕河平三年正月庚寅朔庚寅：河平，漢成帝劉驁年號。據徐錫祺（1997，1631 頁），河平三年正月庚寅即公曆公元前 26 年 1 月 31 日。

登山〔1〕隧弩辟、緯〔2〕各二，子惠〔3〕移被兵各一，少一。平樂〔4〕弩辟二，子惠移被兵一，少一。 73EJT30：35A

願遺使告偃其解 73EJT30：35B

【集注】

〔1〕登山：隧名。

〔2〕緯：李天虹（2003，94 頁）：緯是繫弓弦的繩子；弦，有糸弦和枲弦之別，糸弦是絲製的弦，枲弦是麻製的弦。

李均明（2009，263 頁）：弩緯，捆束弩弦兩端的繫繩。《說文》：「緯，織衡絲也。」段玉裁注：「云織衡絲者，對上文織從為言，故言絲以見縷，經在軸，緯在杼，木部曰：『杼，機之持緯者也。』引申為凡交會之稱。」與弩弦交會且呈經緯狀之物，唯弩弦兩端之繫繩，故稱緯也。

今按，「緯」漢簡又作「弦緯」，如簡 EPT50．205「弩臂弦緯」，簡 EPT59．11「銅鐵郭糸弦緯完」。「緯」在典籍中可指繫琴弦的繩子，如《楚辭．劉向〈九嘆．愍命〉》：「挾人箏而彈緯。」王逸注：「緯，張弦也。」則漢簡「弦緯」當指繫弓弦的繩子。

〔3〕子惠：人名。

〔4〕平樂：隧名。

元康三年七月壬辰朔甲寅〔1〕，關佐通〔2〕敢言之：爰書，廣地令德，先以證不□☐ 73EJT30：41

【集注】

〔1〕元康三年七月壬辰朔甲寅：元康，漢宣帝劉詢年號。據徐錫祺（1997，1558 頁），元康三年七月甲寅即公曆公元前 63 年 9 月 6 日。

〔2〕通：人名，為關佐。

地節三年七月乙卯朔甲戌〔1〕，右農後曲丞〔2〕、別作令史充〔3〕敢言

73EJT30：43

【集注】

〔1〕地節三年七月乙卯朔甲戌：地節，漢宣帝劉詢年號。據徐錫祺（1997，1550頁），地節三年七月甲戌即公曆公元前67年8月18日。

〔2〕右農後曲丞：裘錫圭（2012B，228～229頁）：在破城子出土的簡文中，可以看到左農右丞、左農左長、右農後長等農官名……這些農官，也都應該是屬於「居延農」的。大概居延農在上引這批簡的時代分成左農、右農，左農、右農又分左、右、前、後等部。這些分部由丞或長為其主管，其下有別田令史、佐等屬吏。

今按，說是。該簡作「右農後曲」，則左農、右農下所分左、右、前、後部或稱之為曲。

〔3〕充：人名，為別作令史。

元康二年閏月戊戌朔丁巳〔1〕，西部候長宣〔2〕敢言之：官檄　73EJT30：48

【集注】

〔1〕元康二年閏月戊戌朔丁巳：元康，漢宣帝劉詢年號。據徐錫祺（1997，1556頁），元康二年閏月丁巳即公曆公元前64年9月14日。

〔2〕宣：人名，為西部候長。

輔〔1〕再拜言□□□□□☑　73EJT30：49A

元輔幸甚　73EJT30：49B

【集注】

〔1〕輔：人名，為致信者。

☑遣士吏充〔1〕輸折傷兵〔2〕☑　73EJT30：50

【集注】

〔1〕充：人名，為士吏。

〔2〕輸折傷兵：樂游（2015，215頁）：我們發現了明確寫有「還」字的兵器簽牌，證明了漢代邊塞折傷兵器歸還過程中需要用到這種臨時的簽牌。

今按，說是。折傷兵即損壞的兵器，這種兵器可能要運輸歸還到武庫。

☒出入簿一編，敢言之。　☒　　73EJT30：54

□史謁千八百　長史男孟卿　肩水候紀光君上，叩頭拜請
□尉謁五千二百　幼小男〔1〕俠卿　獄掾王仲〔2〕、獄史韓子深〔3〕、
□尉謁四千　□□□君房會□　辤曹史路子孝〔4〕。叩頭叩頭，
□□謁四千六百　□□□□孫枚　以李長叔累子孝，令有報。
□部謁四千九百　光多請韓君威〔5〕，叩頭叩頭。
□謁二千二百　候長張卿　73EJT30：56A+83A
……　73EJT30：83B+56B

【校釋】

以上兩簡形制、字體筆迹相同，內容相關，茬口吻合，當可綴合。綴合後可復原第四行「四千六百」「子孝令有報」等字。第五行「光」字作[illegible]形，原未釋。而第一行「光」作[illegible]形，結合字形和文義來看，其無疑當為「光」字。

第一行末欄「紀」原作「純」，第四行末欄「令有」原作「會府」，第四行一欄「四」、第六行一欄「謁」原未釋，均姚磊（2020G）釋。又第四行末欄「報」、第五行一欄「九」字姚磊（2020G）存疑未釋。

【集注】

〔1〕小男：中國簡牘集成編輯委員會（2001G，118 頁）：漢代男性十五歲以上為大男，十四歲以下為小男。

今按，說是。小男指十四歲以下的男子。

〔2〕王仲：人名，為獄掾。

〔3〕韓子深：人名，為獄史。

〔4〕路子孝：人名，為辤曹史。

〔5〕韓君威：人名。

□……月丁亥朔……
……□里□□如牒，書到□□，如律令。　73EJT30：57A
張掖廣地候印　即日發關
二月甲辰以來　令史嘉〔1〕　73EJT30：57B

【集注】

〔1〕嘉：人名，為令史。

事敢言之：謹移囚錄一編，敢言之。　73EJT30：59A
番和令印　73EJT30：59B

·騂北亭建昭五年正月吏⍁　73EJT30：61
其四人行道疾死　⍁　73EJT30：67

制　曰：可。　⍁
地節三年四月丁亥朔庚戌〔1〕，御史大夫相〔2〕，承書從事下當用者，如詔書
73EJT30：90+68

【校釋】

姚磊（2019D2）綴。

【集注】

〔1〕地節三年四月丁亥朔庚戌：地節，漢宣帝劉詢年號。據徐錫祺（1997，1549頁），地節三年四月庚戌即公曆公元前67年5月26日。

〔2〕御史大夫相：即御史大夫魏相，據《漢書·百官公卿表下》，本始三年六月甲辰，大司農魏相為御史大夫，四年遷。地節三年六月壬辰，御史大夫魏相為丞相。則魏相任御史大夫在公元前71年至前67年之間。

廿七日　六十
九月甲子，召受東望〔1〕隧長臨宜馬〔2〕屠牛賣肉骨格鄣門外，卒武經〔3〕等從宜馬買腸血及骨持。
宜馬知所予主名。　又十月庚寅廿四日，食宜馬屠牛　73EJT30：70

【校釋】

第二行「臨宜馬」的「臨」作形，第四行「食宜馬」的「食」作形。從文義來看，其應當所指相同，又結合字形，則「食」字或亦當釋「臨」。

該簡年代羅見今、關守義（2015），趙葉（2016，33頁），胡永鵬（2016A，99頁）均考釋為漢成帝河平元年（前28）。今按，說是。「廿七日」以小字寫於「甲子」旁邊，當為九月甲子的日期。河平，漢成帝劉驁年號。據徐錫祺（1997，1628頁），河平元年九月甲子正為該月廿七日，十月庚寅為廿四日。

又「六十」以小字寫於「及」字旁邊，當為卒武經等買腸血等的數量。

【集注】

〔1〕東望：隧名。

〔2〕臨宜馬：似為人名，東望隧長。

〔3〕武經：人名，為戍卒。

▨□人署都尉庫　▨　　73EJT30：71

▨□□卌　甘露五年二月癸酉朔甲午〔1〕，帶〔2〕受肩水尉史光〔3〕塞外吏絮巾〔4〕錢　　73EJT30：73

【集注】

〔1〕甘露五年二月癸酉朔甲午：甘露，漢宣帝劉詢年號。甘露五年即黃龍元年。據徐錫祺（1997，1585 頁），黃龍元年二月甲午即公曆公元前 49 年 4 月 5 日。

〔2〕帶：人名。

〔3〕光：人名，為肩水尉史。

〔4〕絮巾：當指一種頭巾。《三國志．魏志．管寧傳》：「四時祠祭，輒自力強，改加衣服，著絮巾。」

▨……□為番□▨　　73EJT30：77

▨世持司馬記告　▨　　73EJT30：79

▨帛不得言寄有錢，願受教▨

▨白　▨　　73EJT30：81A

▨□屬見未久不一└二，立〔1〕叩頭叩頭，謹▨　　73EJT30：81B

【集注】

〔1〕立：人名，為致信者。

河平二年十月壬戌朔辛巳〔1〕▨

移書到，聽書牒署□▨　　73EJT30：82

【集注】

〔1〕河平二年十月壬戌朔辛巳：河平，漢成帝劉驁年號。據徐錫祺（1997，1630 頁），河平二年十月辛巳即公曆公元前 27 年 11 月 23 日。

☐復傳出已☐　　73EJT30：84

……□□……都尉事謂候官，書到……
……□毋□□□居部界中，如律令。／卒史安世〔1〕、屬□世　　73EJT30：88

【集注】

〔1〕安世：人名，為卒史。

今移名籍，如牒書　　73EJT30：91

☐……年卌一=二歲，長七尺一、二寸，大壯，赤色，去時衣絝複襜褕、縑單襜褕　　73EJT30：94A
☐……騂牡馬，大婢恩，御恩〔1〕，年十五=六歲　　73EJT30：94B

【校釋】

該簡形制為觚，文字書寫於相鄰兩面。

【集注】

〔1〕恩：人名，當即大婢，又為御。

再拜言，尤為人子者，盡其孝　□□□　□□□　君不
……姦……　　73EJT30：95

長卿少卿子惠〔1〕足下·願急賜教·丞相御史受府卒史張長賓〔2〕發屯來幸　　73EJT30：97

【校釋】

「賜教」原未釋，何茂活（2017A）釋。又「賓」字原作「實」，該字圖版作「」，模糊不清，但據文例來看，當為「賓」字。

【集注】

〔1〕長卿少卿子惠：長卿、少卿、子惠分別為人名。

〔2〕張長賓：人名，為府卒史。

安世〔1〕伏地進記　記進☐　　73EJT30：98

【集注】

〔1〕安世：人名，為致信者。

□□□會月十六日，□□為尉丞治事　　73EJT30：99A

……　　73EJT30：99B

□□□□□□□□□一鈞．四鈞一石〔1〕　張卿以□□□□□取亭一弩矢卅

73EJT30：100

【集注】

〔1〕四鈞一石：「鈞」和「石」均為重量單位。一鈞三十斤，一石一百二十斤。《小爾雅．廣衡》：「鈞四謂之石。」《漢書．律曆志上》：「十六兩為斤。三十斤為鈞，四鈞為石。」

□明伏地再拜請子　　73EJT30：109

地節四年六□□戌……

□□　　73EJT30：110

……津關五

……尉各以謁書……　　73EJT30：111

▨地再拜再拜，因再拜　　73EJT30：114

長馬蹇〔1〕，請趙中倩〔2〕治之，出入三日，馬恐

……　　73EJT30：116A

□伏地再拜

子德〔3〕叩頭　　73EJT30：116B

【集注】

〔1〕蹇：跛腳。《說文．足部》：「蹇，跛也。」

〔2〕趙中倩：人名。

〔3〕子德：人名。

三月丙戌，騂北卒陽〔1〕以來　　73EJT30：125

【集注】

〔1〕陽：人名，為戍卒。

……

步光〔1〕伏地再拜　伏□

步光伏地□□拜

□□□□□伏土□□□□□伏地再拜受□　　73EJT30：128A+130A

□

陳卿

朱賓〔2〕　伏幸伏　　73EJT30：128B+130B

【校釋】

「賓」字原作「實」，該字圖版作，當為「賓」字。

【集注】

〔1〕步光：人名，為致信者。

〔2〕朱賓：人名。

☑　……

☑□作者見廿一人，半日初□　有方卿急遣諸亭，封傳之，須服兵

73EJT30：134

【校釋】

「初□」葛丹丹（2019，1811 頁）釋作「初傳」。今按，說是，但所補釋字左側磨滅，不能確知，暫從整理者釋。

☑捕縛盧水〔1〕男子，因籍田都當故屬國千人辛君大奴宜馬☑

☑……　☑　　73EJT30：144

【集注】

〔1〕盧水：水名。《後漢書・竇融傳》：「明年，固與忠率酒泉、敦煌、張掖甲卒及盧水羌胡萬二千騎出酒泉塞。」李賢注曰：「案：湟水東經臨羌縣故城北，又東盧溪水注之，水出西南盧川，即其地也。」

若是而子文〔1〕自寬君當從南方來，願子文　　73EJT30：148A+172A

□□伏地再拜□□□□□□□……

子文孝君馬足下〔2〕：善毋恙，甚苦……伏地再拜　　73EJT30：148B+172B

【校釋】

伊強（2015D）綴，綴合後補釋A面「當」字。

【集注】

〔1〕子文：人名，為受信者。

〔2〕馬足下：趙平安（1998B，33頁）：「馬足下」的字面意思很顯白。古代有身份的人出行，不論騎馬、乘車都需用馬，就用「馬足下」表示對對方的尊敬。它的用法和「足下」很相似。

何有祖（2008，261～262頁）：所謂的「馬侍前」「馬足下」，從字面意思上看，指服侍對方馬的人，或在對方馬的足下，與將皇帝稱作「陛下」倒有幾分相似，都是說話人通過言語上的自我貶抑而反襯聽話人身份的尊崇，在此時已經成為一種習慣。

李均明（2009，126頁）：簡文所見「馬足下」「御者馬足下」即自謙之甚者，似乎將自己降的越低，對他人就愈尊敬。

王貴元、李雨檬（2019，141頁）：「馬足下」與「足下」用意相同，「馬足」當指主人坐騎，故「馬足下」比「足下」更顯謙卑。

今按，諸說是。「馬足下」為尊稱，表示因卑達尊之意。

☐　環之觻得　　73EJT30：149

☐里知章坐田有為不省四月

☐金四兩　　73EJT30：150

☐印曰觻得丞　　73EJT30：157

☐會月七日官　　73EJT30：161

☐兼行丞事下司馬、候、城尉

☐□令史息〔1〕　　73EJT30：163

【集注】

〔1〕息：人名，為令史。

子卿—子惠長賓〔1〕足下：善毋恙，甚苦事，暑□☐　　73EJT30：169

【集注】

〔1〕子卿—子惠長賓：子卿、子惠、長賓均當為人名。

〼　掾武〔1〕、獄史武先〔2〕　73EJT30：174A

〼□□張掖大守　73EJT30：174B

【集注】

〔1〕武：人名，為掾。

〔2〕武先：人名，為獄史。

先入從車□□衣□□□□□□□□□□張稚孫　73EJT30：176

元壽元年□□□□□□□□□〼　73EJT30：177

十月戊辰，詐封致與關，詐罪當俱出關，以責士吏牛放〔1〕為名……趙君候以日出五干〔2〕所出關，日食時牛放

與趙君男孺卿〔3〕俱來入關，候故行至官，以戊辰卿□……官，士吏王當〔4〕皆夜見謁　73EJT30：179+180

【校釋】

姚磊（2016I1）遙綴。

【集注】

〔1〕牛放：人名，為士吏。

〔2〕日出五干：張德芳（2004，192頁）：二干即「日出二干」，是一種俗稱，同民間所謂「日出三干」一樣，是對太陽升起高低的一種形容，究竟「干」有多長，一干、二干、三干的區別在什麼地方，都很難描述得清楚。

今按，說是。「日出五干」為對時間的表示。

〔3〕趙君男孺卿：人名及尊稱。

〔4〕王當：人名，為士吏。

〼□月尉丞行塞舉　〼　73EJT30：188

〼所縣河津　73EJT30：197A

〼□□七十二　73EJT30：197B

〼入春時，其令郡諸侯皆通道溝渠及衝術〔1〕，其有離格枯木□□〼

〼二月甲午下　〼　73EJT30：202

【集注】

〔1〕衢術：即大道、道路。《墨子・號令》：「因城中里為八部，部一吏，吏各從四人，以行衢術及里中。」

……史薛尊〔1〕歸取用長安，與從者□□▨
……傳，毋河留止，如律令，敢言之▨
……令。　／令□▨　　73EJT30：203

【集注】

〔1〕薛尊：人名，為申請傳者。

▨□午朔癸丑，張掖肩水都尉惲〔1〕、丞謂候：往告亭隧▨
▨循行廢不以為意，甚不稱。前遣丞行塞，所舉如牒▨　　73EJT30：204

【集注】

〔1〕惲：人名，為肩水都尉。

▨張掖農、屬國、部都尉〔1〕、官縣，承書從事□▨
▨　／掾禹〔2〕、守屬尊〔3〕、助府令史平□▨　　73EJT30：205

【集注】

〔1〕部都尉：陳夢家（1980，131～132頁）：至於其他凡稱東、西、南、北、中部的都尉，都是塞上的「諸部都尉」，沿塞墻而設，但不稱某部者如張掖郡的居延、肩水都尉，敦煌郡的玉門都尉，就其設於塞上而言，也應屬於塞上的部都尉。

今按，說是。邊郡除郡都尉之外，還分部設部都尉，張掖郡設有居延和肩水兩個部都尉。

〔2〕禹：人名，為掾。

〔3〕尊：人名，為守屬。

▨入臨豪〔1〕里趙千秋〔2〕自言取傳，為家私市長安，謁
▨令
▨□掾　　73EJT30：209

【集注】

〔1〕臨豪：里名。

〔2〕趙千秋：人名，為申請傳者。

□□四百里=人大夫乘忘□□

□言廷，敢言之，移所過縣邑侯國可□

□月辛酉，臨菑右丞□□ 73EJT30:210A

□ 右丞 □ 73EJT30:210B

□□肩水金關，遣□

□史案籍往來出□ 73EJT30:211A

□掾庫 佐充□□ 73EJT30:211B

昌〔1〕伏地再拜 □

子思〔2〕足下：善毋恙，獨勞□□ 73EJT30:212A

井子思 □ 73EJT30:212B

【集注】

〔1〕昌：人名，為致信者。

〔2〕子思：人名，為受信者。

□光元年八月中，以久□□

□□累胡〔1〕隊，果耐〔2〕不詣□ 73EJT30:213

【校釋】

第二行「果」原作「某」，張俊民（2015A）釋。該字圖版作，和「某」字寫法不類，釋「果」可信。又簡首未釋字姚磊（2017J3）補「署」字。今按，補「署」可從，但圖版僅存其下部一橫筆，當從整理者釋。

關於該簡年代，羅見今、關守義（2015），趙葉（2016，35頁），胡永鵬（2017A，181頁）均指出為漢元帝永光元年（前43）。今按，諸說是。

□未，塞尉宣〔3〕敢言之：官移居延所移肩水書曰：卌井□

□月乙酉，署累胡隊，果耐不詣隊，去署亡，蘭入肩水塞。案□

73EJT30：215+217

【校釋】

第二行「果」原作「某」，張俊民（2015A）釋。該字圖版作[image]，和「某」字寫法不類，釋「果」可信。

又以上兩簡張俊民（2015A）指出所言為一事。今按，其說是，兩簡當屬同一簡或同一簡冊，可綴合或編連。

【集注】

〔1〕累胡：何茂活（2017C，135頁）：累胡隧之「累」亦即以繩索拘繫之意。今按，說是。累胡為隧名。

〔2〕果耐：張俊民（2015A）：作人名理解較妥。今按，其說是。「果耐」為人名。

〔3〕宣：人名，為塞尉。

張掖郡中。謹案，除〔1〕等二人毋☐　　73EJT30:221

【集注】

〔1〕除：人名，為申請傳者。

肩水塞尉誼□□□□　　73EJT30:231A
丁少卿　君　□□卿足下進表是令　　73EJT30:231B
□卿足下：□再拜□□來者，願數聞毋恙　　73EJT30:233A
□□□　　73EJT30:233B

□□☐
張掖、觻得界中。謹案，護□☐
敢言之・八月丁巳，杜陵〔1〕令☐（削衣）　　73EJT30:234

【集注】

〔1〕杜陵：漢京兆尹屬縣。《漢書・地理志上》：「杜陵。故杜伯國，宣帝更名。有周右將軍杜主祠四所。莽曰饒安也。」

觻得□□☐
鼓下，願子文☐（削衣）　　73EJT30:235
☐□六十　☐（削衣）　　73EJT30:236
☐人人□□☐（削衣）　　73EJT30:237

⍁□功名籍　73EJT30：239A

⍁□來縣□□　73EJT30：239B

地節五年二月丙午朔丙辰〔1〕，關嗇夫成〔2〕敢言之：□⍁　73EJT30：240

【集注】

〔1〕地節五年二月丙午朔丙辰：郭偉濤（2017A，246頁）：學者推斷當年二月改元，地節五年即元康元年，朔日皆合。

今按，說是。地節，漢宣帝劉詢年號。地節五年即元康元年，據徐錫祺（1997，1553頁），元康元年二月丙辰即公曆公元前65年3月22日。

〔2〕成：人名，為關嗇夫。

正定〔1〕占，自言為家私市張掖郡中。謹案，常〔2〕年爵□⍁

73EJT30：243A

章曰雒陽丞印　⍁　73EJT30：243B

【校釋】

「正」字原未釋，劉欣寧（2016）釋。

【集注】

〔1〕定：人名，為里正。

〔2〕常：人名，為申請傳者。

廣地候敢言之：乙酉平旦，列亭隧，舉逢燔薪，從北□⍁　73EJT30：244

⍁再拜　⍁　73EJT30：245

⍁二年　73EJT30：246

⍁官官移都尉□⍁　73EJT30：249

⍁萬中卿⍁　73EJT30：250

⍁一人　73EJT30：251

肩水□⍁　73EJT30：253

□言

夫人御者□足：辱蘇子孫賜書……　73EJT30：259

肩水金關 T31

▨□飲之□與飲，當為飲三▨ 73EJT31：2

▨□□也問伯▨

▨……▨ 73EJT31：4A

▨刀刀前君▨ 73EJT31：4B

▨□所告言重重者論□▨ 73EJT31：5

騎千人良臣〔1〕行居延南澤塞外地，刑發騎齊食〔2〕塞▨ 73EJT31：9

【校釋】

「齊」原作「齎」，黃浩波（2017B）釋。

【集注】

〔1〕良臣：人名，為騎千人。

〔2〕齊食：黃浩波（2017B）：「齊」讀為「齎」，「齎食」作「攜帶糧食」解。今按，說是。參簡 73EJT7：3「齎」集注。

▨掾昌〔1〕、守令史憲▨ 73EJT31：12

【集注】

〔1〕昌：人名，為掾。

君足下　▨ 73EJT31：13

▨　□延占

▨　田爵（削衣） 73EJT31：14

▨□□作□□□令□□▨ 73EJT31：15

【校釋】

「□作□」葛丹丹（2019，1820 頁）釋作「定作軍」。今按，釋或是，但所釋字多殘斷不能確知，暫從整理者釋。

□米石□□▨ 73EJT31：16A

房伏地……▨ 73EJT31：16B

肩水……▨

告吏卒令□□得聞□□即聞□〼
□令騂北亭……〼　　73EJT31：19A
嗇夫　〼
孫卿　〼　　73EJT31：19B

元康四年六月丁巳朔辛酉〔1〕，都鄉有秩賢〔2〕、佐安漢〔3〕敢告尉史：宛□〼
自言為家私使張掖界中。案，毋官獄徵事，當為傳，□□□□□□〼
尉史眾〔4〕敢言之：謹寫移音渠〔5〕年爵如書，敢言之。〼
六月丁巳，宛守丞、魯陽〔6〕右尉光〔7〕謹移過所縣邑侯國〼
73EJT31：20A+34A

印曰魯陽右尉印　〼
二月丙辰，盛音〔8〕以來　〼　　73EJT31：34B+20B

【校釋】

何有祖（2016E）綴，且於第二行未釋字補「敢言之謁移」。今按，據文義補釋可從，但所釋字多殘缺不可辨識，當從整理者釋。

【集注】

〔1〕元康四年六月丁巳朔辛酉：元康，漢宣帝劉詢年號。據徐錫祺（1997，1559頁），元康四年六月辛酉即公曆公元前62年7月10日。

〔2〕賢：人名，為都鄉有秩嗇夫。

〔3〕安漢：人名，為都鄉佐。

〔4〕眾：人名，為尉史。

〔5〕音渠：申請傳者，音和渠當為兩人，音即B面盛音。

〔6〕魯陽：漢南陽郡屬縣。《漢書・地理志上》：「魯陽，有魯山。古魯縣，御龍氏所遷。魯山，滍水所出，東北至定陵入汝。又有昆水，東南至定陵入汝。」顏師古注：「即《淮南》所云魯陽公與韓戰日反三舍者也。」

〔7〕光：萬堯緒（2018，15頁）：漢代縣尉可以代理縣丞的職務，其身份既可以是本縣縣尉，也可以是它縣縣尉，但是必須是本郡屬縣的縣尉。

今按，說是。光為魯陽縣右尉兼守宛縣丞。

〔8〕盛音：當為人名。

☐□縣邑，遣河北〔1〕陽成〔2〕倉丞□忠送卒張掖居延，當舍傳舍，從者如律令。／掾咸〔3〕、守屬德〔4〕、守書佐☐　73EJT31：21+155

【校釋】

姚磊（2016I2）綴。

【集注】

〔1〕河北：趙海龍（2014D）：此條簡文中的河北應為縣名，《漢書・地理志》河北縣屬河東郡。

今按，說是。河北為漢河東郡屬縣。《漢書・地理志上》：「河北，《詩》魏國，晉獻公滅之，以封大夫畢萬，曾孫絳徙安邑也。」

〔2〕陽成：當為倉名，屬河北縣。

〔3〕咸：人名，為掾。

〔4〕德：人名，為守屬。

☐□□敢言之　☐　73EJT31：22

死罪　73EJT31：24

印曰觻得丞印

正月辛酉，觻得利成〔1〕里孫昭〔2〕以來　73EJT31：25

【集注】

〔1〕利成：里名，屬觻得縣。

〔2〕孫昭：人名。

道□ ㇗賞伏地再拜　73EJT31：32

☐□言書至□留界中，狀何如，檄到，具言　73EJT31：35

・右除書〔1〕　☐　73EJT31：36

【集注】

〔1〕除書：汪桂海（1999，64頁）：百石以下少吏之任命亦有除書。

李均明（2009，55頁）：除，任命。《史記・平準書》：「諸買武功爵官首者試補吏，先除。」司馬貞索隱：「官首，武功爵第五也，位稍高，故得試為吏，先除用也。」……除書不僅僅是任命書，而是一組涉及與某項任免相關的調動、升遷、免職、代理事宜的文書。

今按，諸說是。除書即有關官吏任職的文書，凡任命、升遷、調動、免職等皆可為除書。

〼　卩〼
〼十月甲申□〼　73EJT31：37

視　〼
長孫病　〼　73EJT31：39

張掖肩水塞尉　73EJT31：41

〼……亡毀傷兵器〼　73EJT31：43

四月辛亥觻得　〼
四月癸丑觻得　〼　73EJT31：50

〼□卿、張卿、巫山卿及□〼
〼□卿=請粟一石〼　73EJT31：51A
〼已奏錢大□〼
〼□□泛尚□〼　73EJT31：51B

〼足下恙　73EJT31：53A
〼□命　73EJT31：53B

……〼
關居延縣索、肩水金關，毋何留〼
正月戊戌，觻得守丞□移肩水金關、居延縣索〼　73EJT31：54A
觻得丞印　〼　73EJT31：54B

……史張掖郡居延縣界中
……之
……月庚子餔時入　73EJT31：55A
（圖畫）　73EJT31：55B

〼□建　73EJT31：56

元康四年〼
里朱則〔1〕等自〼
金關□□〼　73EJT31：57

【集注】

〔1〕朱則：人名，為申請傳者。

☐□傷・吳君長弓〔1〕所在寧　　73EJT31：59A

☐足乎　　73EJT31：59B

【集注】

〔1〕吳君長弓：君為尊稱，吳長弓為人名。

元康三年二月甲子朔辛

……　　73EJT31：60

九石具弩〔1〕一，傷兩撫〔2〕，左應〔3〕死四分卩　☐

☐□行塞　塢上布蓬〔4〕三，抓五寸，已作治卩　☐

程苣〔5〕九，不具堠〔6〕外，已出卩　☐

……　☐　　73EJT31：61A

☐累……　具弩一☐

□矢七□☐

伏地叩頭☐　　73EJT31：61B

【集注】

〔1〕九石具弩：羅振玉、王國維（1993，173頁）：《荀子・議兵篇》稱魏氏武卒，操十二石之弩。則漢人用弩較戰國時為弱矣。《御覽》引晉孫盛《奏事》：「諸違令私作角弩力七石以上一張，棄市。」則晉時用弩不過六石，蓋著於令，或猶是漢法也。

勞榦（1960，48頁）：其弩之大別，有具弩，有承弩，具弩常用，承弩不常用。蓋承者，備繼之詞，猶言弩之豫備者，但取弩身，未全配置；而具弩者，配置已完可以立用，故言具矣。

陳直（2009，19頁）：居延簡稱弩皆為具弩，指裝備齊全而言。居延、敦煌兩簡，均載有大黃弩，指黃閒之臂而言，與《李廣傳》相合。知為邊郡作戰之利器，非李將軍專用之兵器。

薛英群、何雙全、李永良（1988，56頁）：弩是由多種部件組成的，具弩，配套完整的弩。

中國簡牘集成編輯委員會（2001G，44 頁）：六石具弩，張力六石的弩。漢制一石等於二十九點五公斤。六石具弩當為張力約一百八十公斤的弩。具弩，配套完整的弩。

李天虹（2003，94 頁）：漢代以「石」作為計算弩強度的單位，拉滿一石之弩，大約需提起一石重物之力。居延漢簡所見弩有三石、四石、五石、六石、八石、十石、十五石等，並以六石、三石、五石弩居多。簡文又稱十石、十五石弩為「大黃」。

今按，諸說是。「具弩」指配套完整的弩，「石」為計算弩強度的單位。

〔2〕兩撫：裘錫圭（1981B，31 頁）：《釋名・釋兵》：「弓……其末曰簫，言簫梢也。又謂之弭，以骨為之，滑弭弭也。中央曰弣。弣，撫也，人所撫持也。簫弣之間曰淵。淵，宛也，言宛曲也。」從《釋名》以「撫」為「弣」的聲訓字來看，「弫」應即「弣」字異體，指弓中央手所把的部分。「無」「橅」都應讀為「弫」……弩弓是橫張的。左右淵當分指弓體左右部的宛曲部分，左右弣不知是否分指從左右淵至弓的中心的那兩段弓體。

中國簡牘集成編輯委員會（2001G，87 頁）：橅即弫、弣，弓中央手所把附處，前後共處，故曰兩橅。

陸錫興（2013）：可知弓把之柎是附著的木條、木片。由於柎處於弓把處，因而弓把也稱為柎，但是柎本身另有所指，戰國、秦漢的弓體實物可以證明……漢簡的弫分左與右，有左弫、有右弫。弫之左右並非兩處，而是一柎之兩端，傷左弫，即弫之左側損壞，傷右弫，即弫之右側損壞，如果是傷二弫，則是兩端都與弓體分裂起翹。同樣，淵之左右也是以弓弣為中心，左方稱左淵，右方稱右淵，二淵都在一個弓幹之上。

今按，諸說多是。「撫」通「弫」，即「弣」，為弓中央手所把的部分。陸錫興認為其本是弓把處附著的木條，因所處的位置也把它作為弓把的名稱。其說當是。

〔3〕左應：據文義來看，「應」也屬於弓弩的一個組成部件，亦分左右。其具體所指不得而知，暫存疑待考。

〔4〕布蓬：初師賓（1984B，363～364 頁）：布烽由烽�、烽布、烽布索等組成……烽坙當指布烽的木框架，周圍如懷抱形，再用索繩將烽布縛於坙上。簡文「坙卑一尺，戶更西鄉（向）」，為某燧裝備考課簿，出金關，時代當西漢晚期。坙框低矮一尺便受到考稽責難，知烽號製作必有程式規定，不得任意為之。戶，

似指坚框如門戶狀，蓋布烽約呈方形。肩水都尉地段之烽燧多南北排列。坚戶向西，不合要求，想是南北方向上無法分辨東西向的烽，那麼，布烽十之八九是個扁平的方架，升舉時，需將最大面積朝向應和之燧。當然，也可能是立方體形。而草烽如為籠狀，則無需定向。

中國簡牘集成編輯委員會（2001F，131 頁）：用布做成的蓬，傳遞軍情的籠頭信號物。

張國艷（2002，87 頁）：「布烽」與「草烽」同類，都是用來通報敵情的，「布烽」也就是用布製成的用於通報敵情的標誌信號物。

今按，「布蓬」即由布製成的烽。參簡 73EJT23：280「蓬」集注。

〔5〕程苣：初師賓（1984B，374 頁）：程為直立（或橫連）的主木，如傘蓋中柱曰程。程柱插在苣的一端或中腰，升舉時列豎於堠頂，如唐之橛苣火。

薛英群（1991，401 頁）：所謂「程苣」是在苣中加以木杠的燃苣，《周禮·考工記·輪人》：「輪人為蓋，達常圍三寸，程圍倍之，六寸。」鄭司農注曰：「程，蓋杠也。」居延曾發現夾有三程的苣。

中國簡牘集成編輯委員會（2001F，132 頁）：程苣，燃苣火用的草把子。程，又作程，即大苣。

今按，說恐非是。「程苣」舊誤釋作「程苣」，據誤釋進行訓解則不得確詁。「程苣」為火苣的一種，「程」有規章，程式之義，《玉篇·禾部》：「程，法也，式也。」則程苣或指符合程式的火苣。居延新簡 EPT49·13B 號簡顯示苣有「大苣」「小苣」和「尺苣」的不同。則程苣亦或指某一種為程式所規定的固定尺寸的火苣。

〔6〕堠：陳公柔、徐蘋芳（1960，48 頁）：亭或燧都是邊塞視察哨的單位，有土築的烽墩為中心，這個烽墩稱作堠。

何茂活（2017B，225～226 頁）：與「塢」的城堡之形不同，「堠」則只是烽墩。它或與塢組合在一起，或者獨立修築，總之是高於塢壁的烽火墩臺，既可以候望警戒，又便舉燃布烽。「堠」字本作「矦」，也稱「烽候」「烽堠」……「堠」即烽堠，意義與「亭」「燧」基本相同，實即烽火墩臺。因為堠有瞭望功能，因此其上或設有望樓，稱為「候樓」「候櫓（候樐）」等……「堠」是烽火墩臺，其上或有望樓；「塢」則是防禦用的小型城堡。二者往往組合營建，堠大多居於塢之一隅。

今按，諸說是。「堠」為烽火臺墩，得名於其上可候望敵情，察看烽火。

綏和二年九月丙申朔丙辰〔1〕，居延令彊〔2〕、丞循〔3〕移過所縣道河津關：令對會大府，當□☑
從者，如律令。　／兼掾宮〔4〕、守令史隆□☑　　73EJT31：62

【集注】

〔1〕綏和二年九月丙申朔丙辰：綏和，漢成帝劉驁年號。據徐錫祺（1997，1670頁），綏和二年九月丙辰即公曆公元前7年11月13日。

〔2〕彊：人名，為居延縣令。

〔3〕循：人名，為居延縣丞。

〔4〕宮：人名，為兼掾。

永光四年四月庚戌朔庚申〔1〕，北部候長宣〔2〕敢言之：謹移吏家屬出入金關簿一編，敢言之。　　73EJT31：63

【集注】

〔1〕永光四年四月庚戌朔庚申：永光，漢元帝劉奭年號。據徐錫祺（1997，1603頁），永光四年四月庚申即公曆公元前40年5月14日。

〔2〕宣：人名，為北部候長。

閏月己亥，張掖肩水都尉政〔1〕、丞下官，承書從事下當用者，書到，明扁書顯見處，令吏民盡知之，
嚴勑〔2〕，如詔書律令。　／掾豐〔3〕、屬敞〔4〕、書佐鳳〔5〕。　73EJT31：64

【集注】

〔1〕政：人名，為肩水都尉。

〔2〕嚴勑：「勑」同「敕」，嚴敕即嚴肅告誡。《漢書·西域傳下》：「臣謹遣徵事臣昌分部行邊，嚴敕太守都尉明㷭火，選士馬，謹斥候，蓄茭草。」

〔3〕豐：人名，為掾。

〔4〕敞：人名，為屬。

〔5〕鳳：人名，為書佐。

建始四年四月丙午朔戊申〔1〕，東部候長□敢言之：謹移吏三月奉☑
籍一編，敢言之　☑　　73EJT31：65

【校釋】

首行未釋字郭偉濤（2017E，224 頁）釋作「建」。今按，該字作形，漫漶不清，當從整理者釋。

【集注】

〔1〕建始四年四月丙午朔戊申：建始，漢成帝劉驁年號。據徐錫祺（1997，1625 頁），建始四年四月戊申即公曆公元前 29 年 5 月 4 日。

五鳳四年十二月丁酉朔甲子〔1〕，佐安世〔2〕敢言之：遣第一亭長護眾〔3〕逐命張掖、酒泉、敦煌、武威、金城郡中，與從者安樂〔4〕里齊赦之〔5〕，
乘所占用馬一匹、軺車一乘，謁移過所縣道河津金關，勿苛留，如律令，敢言之。
十二月甲子，居延令弘〔6〕、丞移過所，如律令。／令史可置〔7〕、佐安世。　正月己卯入　73EJT31：66

【校釋】

第二行「樂」原作「漢」，高一致（2016A，23 頁）釋。第五行「置」原作「遣」，胡永鵬（2015，28 頁）、（2016A，231 頁），伊強（2015B）釋。

【集注】

〔1〕五鳳四年十二月丁酉朔甲子：五鳳，漢宣帝劉詢年號。據徐錫祺（1997，1576 頁），五鳳四年十二月甲子即公曆公元前公元前 53 年 1 月 27 日。

〔2〕安世：人名，為佐。

〔3〕護眾：人名，為亭長。

〔4〕安樂：里名，屬居延縣。

〔5〕齊赦之：人名，為從者。

〔6〕弘：人名，為居延縣令。

〔7〕可置：人名，為令史。

☐八月庚戌□□□□□□長□□凡□請……詣官
☐……毋以它為……不發　73EJT31：68A
□□□□掾掾□□□□薄士吏……　73EJT31：68B

☐正月丁未朔丙寅，橐佗稽北〔1〕亭長常〔2〕敢言之：

〼□龍常迺己酉除為稽北亭長，不受縣出關　　73EJT31：69

【集注】

〔1〕稽北：亭名。

〔2〕常：人名，為稽北亭長。

〼□辟逃吏私□〼　　73EJT31：71

〼□一月甲子□〼　　73EJT31：72

〼　地節四年七月乙酉〔1〕，平樂〔2〕隧長豐……〼　　73EJT31：80

【集注】

〔1〕地節四年七月乙酉：地節，漢宣帝劉詢年號。據徐錫祺（1997，1552 頁），地節四年七月乙酉即公曆公元前 66 年 8 月 24 日。

〔2〕平樂：隧名。

〼關，出入如律令，敢言之。　　73EJT31：83

〼輒移函出〼　　73EJT31：87

【校釋】

「輒」原作「輒」，黃艷萍（2016B，135 頁）、（2018，138 頁）釋。

……〼

萬年〔1〕里趙房〔2〕等十一人，書到案籍□〼　　73EJT31：92A

居延右尉……〼　　73EJT31：92B

【集注】

〔1〕萬年：里名。

〔2〕趙房：人名。

□主官〔1〕致尉，四年正月以來

〼□□候長齊

盡六月，舍人迎付居延府卿〔2〕舍　　73EJT31：97A

☐家貸錢市買，須今償之　　73EJT31：97B

【校釋】

A 面「主官」前未釋字葛丹丹（2019，1826 頁）釋「曉」。今按，字作[illegible]形，釋「曉」或是，但不能十分肯定，暫從整理者釋。

【集注】

〔1〕主官：陳夢家（1980，102 頁）：據二〇〇簡，鄣有令史一人，尉史四人，鄣卒十人，施刑一人「☐奉食吞遠」，則甲七一四吞遠候部所屬主吏七人應指令史、尉史，乃候長的屬吏。主吏若干人中，其一人為長，則為主官。

陳直（2009，219 頁）：余以為主吏總括縣吏中功曹、賊曹等主要掾史而言。

李均明（1982，102 頁）：簡文「主」字即作「掌管」「主持」解。吞遠部管轄若干隧，隧的主持者是隧長，故「主吏」當是主部吏、主隧吏的簡稱。

楊劍虹（1983，194 頁）：凡是主持一項工作的令吏，可叫「令吏主」，也可叫「吏主」，為了順口，還可以叫「主吏」。主吏是令吏中比較幹練得到重用的，令吏相當於幹事，主吏相當於主辦幹事，所以令吏與主吏是有區別的。

中國簡牘集成編輯委員會（2001G，5 頁）：關塞諸屬吏中為首者，主持日常例行公務，例如掾、令史可稱主官，又稱掌官。

汪桂海（2011，379 頁）：所謂「主官」似應是在候官最高長吏候外出、病休或剛離任而新任命者尚未到任的情況下，「行候事」或「兼行候事」的掾、令史、尉史等屬吏的一種稱呼。他們臨時代候主持候官事務，故被稱為「主官」。

李迎春（2014B，321 頁）：居延漢簡中「主官」「主官掾」「主官令史」等稱謂的含義基本相同，它們是候官中負主要文書責任的令史。從佐助鄣候管理管理部門角度來說，其可稱「掾」或「主官」，從級別來說則屬於「令史」。

冨谷至（2018，163 頁）：吏的職務狀況管理，即「領吏」可被看作「主官」的職責之一。即便是從「主官」為「主其官」之意來看，「領吏」也適合作為其職責。

今按，漢簡又可見「主吏」，如居延漢簡 127・27 簡：「建昭二年十二月戊子朔戊子，吞遠候長湯敢言之：主吏七人，卒十八人，其十一人省作校更相伐不離署，堠上不乏人，敢言之。」其當如李均明所說，「主」為「掌管」

「主持」的意思。則「主官」陳夢家認為是主吏若干人中為長的一人，恐不妥。「主官」當即汪桂海所說為對臨時主持候官事務的掾、令史、尉史等屬吏的一種稱呼。

〔2〕府卿：劉樂賢（2014B，226頁）：漢代確實可以將都尉或太守稱為「府卿」。也就是說，「府卿」的含義應與「府君」「明府」大體一致。

今按，說是。「府卿」和「府君」「明府」等一樣，為對都尉或太守的稱謂。該簡居延府卿當指居延都尉。

☐□左尉決頃移書□□☐ 73EJT31：99

☐襲一領、布復絝一兩、布單衣一領、布單襲一領、布單絝二兩
☐□木索〔1〕迹，審證之，它如爰書，敢言之。 73EJT31：105

【集注】

〔1〕木索：陳槃（2009，34頁）：「木索」者，司馬遷《報任安書》曰：「其次關木索、被箠楚受辱」；又曰：「今交手足，受木索」。據此，知其為刑具之稱，且是當時成語。《文選五臣注》張銑曰：「關木，杻械；索，繩也，以拘縛之也」云云，徒爾能順辭釋字而已，猶有所未達。

薛英群（1991，166頁）：這是塞上較多用的一種刑具。並非用於「立木上之繩索」。

今按，諸說是。「木索」為刑具。木指「三木」，為加在犯人頸、手、足上的三件刑具。《漢書·司馬遷傳》：「魏其，大將也，衣赭，關三木。」顏師古注：「三木，在頸及手足。」索即繩索，用以拘繫犯人。

建平四年三月丙午☐ 73EJT31：107
尊即與☐ 73EJT31：109
☐敢言之☐ 73EJT31：111
十一月甲子詬□☐ 73EJT31：115
☐年八月辛未☐ 73EJT31：116

☐平樂〔1〕隧還初付萬福〔2〕時須以與莫當〔3〕檄 73EJT31：117

【集注】

〔1〕平樂：隧名。

〔2〕萬福：隧名。

〔3〕莫當：隧名。

□咸□□□主飯……〼　73EJT31:118

〼囚出□□十四　73EJT31:119

言為家私使之居延，願〼

□□，毋官獄事，當得取〼　73EJT31:120

〼　□者條〼　73EJT31:124

〼癸巳　士吏始樂〔1〕小奴〼　73EJT31:126

【集注】

〔1〕始樂：當為里名。

〼□錢，言以市杯器〼

〼故登山〔1〕隧長孫賞□〼　73EJT31:127

【集注】

〔1〕登山：隧名。

發故彊落，除下止廣丈□〼　73EJT31:128

〼　初元年閏月癸巳朔丙辰〔1〕，敦煌大守□〼（削衣）　73EJT31:131

【集注】

〔1〕初元年閏月癸巳朔丙辰：初元年即初元元年，初元，漢元帝劉奭年號。據徐錫祺（1997，1588 頁），初元元年閏十月，丙辰即公曆公元前 48 年 12 月 18 日。

〼亭長趙寬〔1〕（削衣）　73EJT31:132

【集注】

〔1〕趙寬：人名，為亭長。

〼……〼

〼道次傳〔1〕，別書〔2〕相報〼（削衣）　73EJT31:133

【集注】

〔1〕道次傳：李均明（1998B，317頁）：「道次」指不同的郵路及路段次第，一份文件通過一條郵路不能到達所有的收文單位，故需抄錄多份，然後分別送至各個郵路傳遞，故云「以道次傳，別書相報」。

今按，說是。「道次傳」即按道路次第傳送。

〔2〕別書：薛英群（1984，284頁）：「別書」不能理解為是單純的辯證文書，更重要的是說明情況原委，或原文書不詳處、有誤處，所以「別書」則是對原文件或原報告而言，故稱之曰「別書」，與今人所云「另書」意甚似。

李均明（1998B，316頁）：別書：別，另外、分別。依照正本另再抄錄的文書稱別書。

中國簡牘集成編輯委員會（2001G，39頁）：別即另外、分別之意。別書猶今日之抄送件。別書相報即另外抄報。

今按，諸說多是，唯薛英群認為別書是辯證文書不妥。別為另外，分別之意，依照正本另外謄錄的文書即所謂別書。

☐為家私市居延，願以令取☐　　73EJT31：135

☐年六月乙卯朔辛巳，都鄉□☐
☐當為傳，所過縣☐（削衣）　　73EJT31：136

【校釋】

該簡年屬羅見今、關守義（2015，109頁），黃艷萍（2015B），趙葉（2016，32頁），胡永鵬（2016A，94頁）均指出為為永光三年（前41）。今按，諸說是。永光，漢元帝劉奭年號。據徐錫祺（1997，1601頁），永光三年六月辛巳即公曆公元前41年8月8日。

☐□元年十一月，候尉☐　　73EJT31：137

十一月己亥，居延守丞、左尉武賢〔1〕移肩水金關：出，來復傳入，如律令。
／掾可置〔2〕、令史安世〔3〕　　73EJT31：148

【集注】

〔1〕武賢：人名，為居延守丞、左尉。

〔2〕可置：人名，為掾。

〔3〕安世：人名，為令史。

大守守屬禹〔1〕劾曰：案日勒言，斷獄北部都尉，屬禹劾候長曹宣〔2〕以縣官事，簿問以它歐戍卒陳禹〔3〕等，長　73EJT31：149

【集注】

〔1〕禹：人名，為太守守屬。

〔2〕曹宣：人名，為候長。

〔3〕陳禹：人名，為戍卒。

里□□大奴友〔1〕輸廣地候官☑　73EJT31：151A

張肩塞尉　☑　73EJT31：151B

【校釋】

A 面「里」原未釋，姚磊（2017D2）釋。

【集注】

〔1〕友：人名，為大奴。

☑□□□□□□往來，毋河留止，如律令。　／掾宗〔1〕、佐宣〔2〕

73EJT31：154

【集注】

〔1〕宗：人名，為掾。

〔2〕宣：人名，為佐。

·右決　☑　73EJT31：156

子平〔1〕自寬，謹因再拜，道去歲遣細君〔2〕弓廿枚。子☑

……☑　73EJT31：161

【集注】

〔1〕子平：人名。

〔2〕細君：陳槃（2009，92 頁）：按於古，邦君夫人有「小君」之稱。「細君」之義，同於「小君」。蓋嘗有僭稱者矣；寖以普徧，至漢世婦人，遂有以為名者。

《漢書・東方朔傳》：「歸遺細君」。師古曰：「細君，朔妻之名」。是也。又江都王建女，亦名細君（漢書西域烏孫傳）。

今按，說是。該簡「細君」為人名。

彊〔1〕再拜言　〼
□足下：□□□報，彊叩頭，幸甚幸甚，謹道彊等得掾力，未偿移〼
73EJT31：162A

□　〼
馬足下　〼　73EJT31：162B

【集注】

〔1〕彊：人名，為致信者。

可置〔1〕妻霄〔2〕，年……　73EJT31：164

【集注】

〔1〕可置：人名。

〔2〕霄：人名，為可置妻。

□□□□錢，頊叩頭，幸甚……
……　73EJT31：165

□以過所移府書曰：觻得步利〔1〕里男子蘇章〔2〕自言責隊　73EJT31：166

【集注】

〔1〕步利：里名，屬觻得縣。

〔2〕蘇章：人名。

〼□　次子游　董長孫　惠次君建幼　73EJT31：167
〼並越職稾，言罪當死，叩頭死〼　73EJT31：168
〼子嬰……　73EJT31：169
使年……〼　73EJT31：170
〼日　〼　73EJT31：171A
〼□□□〼　73EJT31：171B
〼超超等……〼　73EJT31：172

▨……▨（習字）	73EJT31:173A
▨……▨（習字）	73EJT31:173B
▨……畢　▨	73EJT31:176
▨……▨	73EJT31:177
▨□酒丙午□□	73EJT31:178
▨三月辛巳……▨	73EJT31:179
▨……▨	73EJT31:180
▨……▨	73EJT31:181
▨　百一▨	73EJT31:182
▨□九家　▨	73EJT31:183
▨水八月廿八□▨（削衣）	73EJT31:186
▨□　□□□（削衣）	73EJT31:187
▨……善也	
▨……（削衣）	73EJT31:188
▨長以來▨（削衣）	73EJT31:189
▨……通書候官，寫移▨（削衣）	73EJT31:190
以□子□願□□□□倉□▨	
□牛車□韋君藉之子自言	73EJT31:191
▨　奏□▨（削衣）	73EJT31:192
▨馬司司▨（削衣）	73EJT31:193
▨移過所韋□▨（削衣）	73EJT31:194
▨奉記□拜▨	
▨□　▨（削衣）	73EJT31:195
▨□雨□▨	73EJT31:196
▨□三少▨（削衣）	73EJT31:197
▨為□茭百□▨	73EJT31:198A
▨詣前又將卒□▨	73EJT31:198B
頭何大齒何▨（削衣）	73EJT31:200
▨□□□□□□□□□□詣□□□	73EJT31:202A
▨　□毋忘	73EJT31:202B
鴻嘉三年三月癸酉朔丁……▨	

□□者……樂□☑ 73EJT31：203

☑□□□□ 73EJT31：207

☑它…… 73EJT31：208

出……☑ 73EJT31：209

☑……☑ 73EJT31：210

☑□□　□□女子張君□□□□□□☑ 73EJT31：211

……坐入☑ 73EJT31：212

☑傳發 73EJT31：213A

☑□二□ 73EJT31：213B

☑□卿一□　☑ 73EJT31：214

……☑ 73EJT31：215

☑□□□□□□☑ 73EJT31：216

☑□□□□☑ 73EJT31：217

☑……☑ 73EJT31：218

☑坐前☑ 73EJT31：219

☑一□□　□☑ 73EJT31：221

□□□　☑ 73EJT31：224A

……☑ 73EJT31：224B

□□□☑ 73EJT31：225

奏□　☑ 73EJT31：226

…… 73EJT31：227

……☑ 73EJT31：230

□□□言□□☑ 73EJT31：231A

……☑ 73EJT31：231B

☑言之：長平〔1〕里毛□自言欲取☑
☑延界中，田在□□□□丈梁大☑ 73EJT31：232

【集注】

〔1〕長平：里名。

☑……☑ 73EJT31：233

…… 73EJT31：234

……☐

……☐ 73EJT31:235

……□更須☐ 73EJT31:237A

……☐ 73EJT31:237B

☐日□內中□☐ 73EJT31:238A

☐□暮宿內☐ 73EJT31:238B

☐□□□ 73EJT31:240A

☐…… 73EJT31:240B

☐□□□☐ 73EJT31:241

☐□□□□☐ 73EJT31:242A

☐……☐ 73EJT31:242B

肩水金關 T32

☐收責橐佗候官，名縣爵里年姓長物色如牒，書到，出入☐ 73EJT32：3

☐　□

☐□長　初元四年四月丙子朔戊午，臨莫隧

☐…… 73EJT32：5A

☐　八　辰　□ 73EJT32：5B

【校釋】

「丙子朔戊午」黃艷萍（2015B），羅見今、關守義（2015），胡永鵬（2016A，267 頁）指出初元四年四月為己卯朔，非丙子朔，且亦無戊午日。原簡抄寫有誤。今按，諸說是。當為原簡書寫時致誤。

建昭五年六月甲辰朔丙寅〔1〕，守令史章〔2〕敢言之：丞昌〔3〕為郡市長安，今遣從吏張武〔4〕齎衣用蓬迎昌，乘所 73EJT32:6+24

【校釋】

伊強（2015A）綴，「迎」原作「如」，綴合後釋。

【集注】

〔1〕建昭五年六月甲辰朔丙寅：建昭，漢元帝劉奭年號。據徐錫祺（1997，1615 頁），建昭五年六月丙寅即公曆公元前 34 年 8 月 5 日。

〔2〕章：人名，為守令史。

〔3〕昌：人名，為丞。

〔4〕張武：人名，為從吏。

☐年七月己巳朔戊子，觻得萬年〔1〕里☐ 73EJT32：14

【校釋】

該簡年代羅見今、關守義（2015），胡永鵬（2016A，391頁）考釋為漢平帝元始四年（4）。今按，說當是。

【集注】

〔1〕萬年：里名，屬觻得縣。

初元四年正月辛亥朔癸酉〔1〕，東鄉嗇夫敢言之：昌德〔2〕里郭賞〔3〕自言田北□□□□□□舍王亭西
三舍北入□□□三年賦筭給，毋官□□□□□□□□□，敢言之。
正月甲戌，茂陵令喜〔4〕、丞勳〔5〕移□□。／掾□、令史□。

73EJT32：16A

章曰茂陵令印 73EJT32：16B

【校釋】

A面第三行「筭」字原作「等」，張俊民（2015A）釋。第四行「喜」原作「熹」，葛丹丹（2019，1836頁）釋。

【集注】

〔1〕初元四年正月辛亥朔癸酉：初元，漢元帝劉奭年號。據徐錫祺（1997，1593頁），初元四年正月癸酉即公曆公元前45年2月23日。

〔2〕昌德：里名，屬茂陵縣。

〔3〕郭賞：人名，為申請傳者。

〔4〕喜：人名，為茂陵縣令。

〔5〕勳：人名，為茂陵縣丞。

☐南不知誠 73EJT32：19

【校釋】

「誠」原作「護」，張俊民（2015A）釋。

☑□調為官市桮器長□□□□軺車一乘　　73EJT32：20

【校釋】

「長」下一字張俊民（2015A）補「安」。今按，補釋或可從，但該字圖版磨滅不能確知，當從整理者釋。

☑□言之：成安〔1〕里男子趙☑　　73EJT32：21

【集注】

〔1〕成安：里名。

初元年十月甲子……嗇夫敢言之：廣地〔1〕里孫幸之〔2〕、陽里〔3〕王伯〔4〕等☑

欲為私市張掖酒泉郡。謹案，幸之、伯□☑　　73EJT32：45A+22

居令延印　☑　　73EJT32：45B

【校釋】

姚磊（2017A1）綴。A面第二行「伯」原作「偃」，從文義來看，第一行的「王伯」和該行的「偃」為同一人，因此兩處釋文必有一誤。「伯」和原釋「偃」的字圖版分別作[字圖]、[字圖]形，從字形來看，其亦為一字無疑。「伯」字圖版清晰，整理者釋讀可從，因此原作「偃」的字當改釋作「伯」。

【集注】

〔1〕廣地：里名，屬居延縣。

〔2〕孫幸之：人名，為申請傳者。

〔3〕陽里：里名，屬居延縣。

〔4〕王伯：人名，為申請傳者。

□　　73EJT32：27

☑……☑　　73EJT32：28

☑……敢告尉史：□□里公乘李□自言為家私使……留

☑……　　73EJT32：29

☑登、丞江〔1〕移肩水金關

☑濟陰郡葭密〔2〕東□里　　73EJT32：41

【集注】

〔1〕江：人名，為丞。

〔2〕葭密：漢濟陰郡屬縣。

五鳳三年五月丙子朔丙子〔1〕，□□□▨

五月丙子□□御史大夫延年〔2〕□□□▨ 73EJT32：43

【集注】

〔1〕五鳳三年五月丙子朔丙子：五鳳，漢宣帝劉詢年號。據徐錫祺（1997，1573頁），五鳳三年五月丙子即公曆公元前55年6月18日。

〔2〕延年：人名，當為御史大夫杜延年。據《漢書・百官公卿表》，五鳳三年六月辛酉，西河太守杜延年為御史大夫，三年以病賜安車駟馬免。

▨十月戊子，張▨ 73EJT32：44

困及以相護，因言昌〔1〕家室不與子文孝君〔2〕通家名為昆□▨ 73EJT32：46

【集注】

〔1〕昌：當為人名。

〔2〕子文孝君：人名，君為敬稱，名孝字子文。

▨尉政〔1〕、丞商重〔2〕下司馬、千人、百

▨　／兼掾成〔3〕、守屬成〔4〕、書佐鳳〔5〕。 73EJT32：48

【集注】

〔1〕政：人名，為尉。

〔2〕商重：人名，為丞。

〔3〕成：人名，為兼掾。

〔4〕成：人名，為守屬。

〔5〕鳳：人名，為書佐。

▨□昌右手□一所，以此□如劾之狀具▨ 73EJT32：51

▨　第五　・凡……六▨ 73EJT32：52

▨留，如律令。／令史得〔1〕。　　73EJT32：56

【集注】

〔1〕得：人名，為令史。

▨□午朔辛▨　　73EJT32：59

【校釋】

姚磊（2017A1）綴合該簡與簡 73EJT32：66。今按，兩簡形制、字體筆迹等較一致，但不能直接拼合。

▨私市張掖居延。案毋　　73EJT32：63

▨□吏卒責主▨　　73EJT32：61

【校釋】

伊強（2015A）綴合該簡和簡 73EJT32：64，綴合後改釋簡 73EJT32：64 中的「召」作「名」。今按，兩簡或不當綴合，「召詣官」漢簡屢見，綴合後「召」字筆畫多出，且釋其為「名」恐不妥。

▨召詣官，會▨　　73EJT32：64

【校釋】

伊強（2015A）綴合簡 73EJT32：61 和該簡，綴合後改釋「召」作「名」。今按，兩簡或不當綴合，「召詣官」漢簡屢見，綴合後「召」字筆畫多出，且釋其為「名」恐不妥。

▨即日病頭▨　　73EJT32：66

【校釋】

姚磊（2017A1）綴合簡 73EJT32：59 與該簡。今按，兩簡形制、字體筆迹等較一致，但不能直接拼合。

▨□眾人取酒□（削衣）　　73EJT32：69
□▨
掾坐前□□▨

自☐　73EJT32：70
羊角☐　73EJT32：71
☐□□當從道可治木蘭（削衣）　73EJT32：72
☐前弟二☐（削衣）　73EJT32：73

九月一輩〔1〕，凡卌三人。其四人居延吏、一人昭吏、三人酒泉吏、六人郡中民、一人會水民、五人客子、七人奴、四人婢、軺車七乘、馬八匹、牛車三兩、牛三頭☐　73EJT32：75

【集注】

〔1〕一輩：陳直（2009，274頁）：一輩猶今人言一批。

李均明（1989，119頁）：一輩，指一批，一次所通過。

今按，諸說是。《漢書．張騫傳》：「而天子好宛馬，使者相望於道，一輩大者數百，少者百餘人。」

肩水金關 T33

☐願聞其曉　☐　73EJT33：1
☐……城官，書到，出入　73EJT33：2
☐入賦居延　☐　73EJT33：3

☐□□□□□□□□□□
☐如律令。／守令史光〔1〕　73EJT33：5

【集注】

〔1〕光：人名，為守令史。

☐□子夏〔1〕鎌也，今子夏欲☐
☐意意，叩頭幸甚☐　73EJT33：7A
☐近衣進酒食，出☐
☐幼都〔2〕奉書伏地再☐　73EJT33：7B

【集注】

〔1〕子夏：人名。

〔2〕幼都：人名，為致信者。

▨□□□世至正月丁未日餔時行候事，關嗇夫博〔1〕、候長龍□▨（削衣）

73EJT33：8

【集注】

〔1〕博：人名，為關嗇夫。

▨旦帶到槖他還歸之，謹使使再拜，受▨　73EJT33：10

▨□史季當□□□□□□□
▨□受高子卿足下　73EJT33：12A
▨……　子游卿
▨□□二年磨日□□　73EJT33：12B

【校釋】

B 面簡末未釋兩字韓鵬飛（2019，1588 頁）作「未便」。今按，所釋字左部殘損，不能確知，當從整理者釋。

張掖槖他印　▨　73EJT33：16A
書到，願嗇夫出入關▨　73EJT33：16B
▨　粟槖他……昌▨　73EJT33：18
▨□購錢大守□▨
▨令　▨　73EJT33：20
東□▨　73EJT33：22A
□▨　73EJT33：22B
一編，謁上候官，敢言之▨　73EJT33：23
三月己巳，騂北亭長敞▨（削衣）　73EJT33：25
▨入金關所治日□▨（削衣）　73EJT33：26
▨縣爵里年姓，各如牒▨（削衣）　73EJT33：27

▨勞臨事，久不望見，叩頭叩頭。寒時願子文〔1〕▨
▨毋行邑邑〔2〕，關主出入，人將嚴急耳目長，願留意留▨
▨……▨（削衣）　73EJT33：28

【集注】

〔1〕子文：人名，為受信者。

〔2〕邑邑：中國簡牘集成編輯委員會（2001G，61 頁）：邑通悒，愁悶不樂貌。

今按，說是。《漢書・師丹傳》：「上少在國，見成帝委政外家，王氏僭盛，常內邑邑。」

⧄敬君錢七百五⧄
⧄言　⧄（削衣） 73EJT33：29

⧄遣從者侯嘉⧄（削衣） 73EJT33：30

河南安國〔1〕里公乘丁□□□⧄
□□□□□⧄（削衣） 73EJT33：31

【集注】

〔1〕安國：里名，屬河南縣。

⧄賤弟遷〔1〕叩頭⧄（削衣） 73EJT33：32

【校釋】

「弟」原作「苐」，韓鵬飛（2019，1589 頁）認為當釋「第」。今按，該字作形，其在金關漢簡中一般據文義釋作「第」或「弟」。該簡中據字形當作「第」，用作「弟」，此徑作「弟」。

【集注】

〔1〕遷：人名，為致信者。

八月乙酉，居延丞江〔1〕移過⧄ 73EJT33：34

【集注】

〔1〕江：人名，為居延縣丞。

⧄□□□⧄
⧄當井〔1〕隧長⧄（削衣） 73EJT33：35

【集注】

〔1〕當井：隧名。

⧄□足下日見□⧄（削衣） 73EJT33：36

□□□得毋□□□□□
□來記，令譚得往，即毋急□（削衣）　　73EJT33：37

□一石一鈞十三斤　□
□斤積縣𢉏〔1〕中　□
□斤永光三年所伐　□　　73EJT33：38

【集注】

〔1〕𢉏：存放草料等的地方。《說文・广部》：「𢉏，芻藁之藏。」

□朔戊午，西鄉嗇夫彊〔1〕敢言之：利上〔2〕里男子譚多〔3〕自言欲為家私市張掖、酒泉郡中，願以令取傳。謹案，戶籍臧官者，多爵
□毋官獄徵，當得以令取傳，謁移過所河津關，毋苛留止，如律令，敢言之。
□居延令登〔4〕、丞未央〔5〕移過所，如律令。　／掾赦之〔6〕、守令史定〔7〕、佐殷〔8〕。　　73EJT33：39

【集注】

〔1〕彊：人名，為西鄉嗇夫。

〔2〕利上：里名，屬居延縣。

〔3〕譚多：人名，為申請傳者。

〔4〕登：人名，為居延縣令。

〔5〕未央：人名，為居延縣丞。

〔6〕赦之：人名，為掾。

〔7〕定：人名，為守令史。

〔8〕殷：人名，為佐。

永光二年五月辛卯朔己未〔1〕，都鄉嗇夫禹〔2〕敢言之：始樂〔3〕里女子惠青辟〔4〕自言為家私使之居延，與
小奴同葆同縣里公乘徐毋方〔5〕偕。謹案，青辟、毋方更賦給，毋官獄事，當得取傳，敢言之。
五月己未，删丹長賀〔6〕、守丞禁〔7〕，移過所，寫移，毋苛留止，如律令。／兼掾嘉〔8〕、令史廣漢〔9〕。　　73EJT33：40A
删丹長印　　73EJT33：40B

【集注】

〔1〕永光二年五月辛卯朔己未：永光，漢元帝劉奭年號。據徐錫祺（1997，1599 頁），永光二年五月己未即公曆公元前 42 年 7 月 23 日。

〔2〕禹：人名，為都鄉嗇夫。

〔3〕始樂：里名，屬删丹縣。

〔4〕惠青辟：人名，為申請傳者。

〔5〕徐毋方：人名，為申請傳者。

〔6〕賀：人名，為删丹縣長。

〔7〕禁：人名，為删丹縣守丞。

〔8〕嘉：人名，為兼掾。

〔9〕廣漢：人名，為令史。

黃龍元年六月辛未朔壬辰〔1〕，南鄉佐樂〔2〕敢言之：楊里〔3〕
公乘泠□，年廿歲，小未傅〔4〕，為家私市居延，正彭祖〔5〕
占，移過所縣道，毋苛留。／六月壬辰，雒陽守丞殷〔6〕移過所，毋苛留，如律令。／掾良〔7〕、令史陽〔8〕。 73EJT33：41A

…… 73EJT33：41B

【校釋】

第二行「正」原作「乏」，第三行「占」原作「告」，劉欣寧（2016）釋。

【集注】

〔1〕黃龍元年六月辛未朔壬辰：黃龍，漢宣帝劉詢年號。據徐錫祺（1997，1585 頁），黃龍元年六月壬辰即公曆公元前 49 年 8 月 1 日。

〔2〕樂：人名，為南鄉佐。

〔3〕楊里：里名，屬雒陽縣。

〔4〕小未傅：淩文超（2011，476 頁）：傳送委輸之時，如果是勞役較輕的「節（即）載粟」，「公大夫以下子」即使「未傅」，只要在「年十五以上者」，就可以被徵發。所謂「未傅年十五以上者」，「未傅」，顧名思義，即沒有傅籍，「年十五以上」則是對「未傅」的限定，也就是說，「未傅」者不僅包括年十五以上，也包括年十五以下，當然也就包涵了「小」。

今按，「小未傅」見於張家山漢簡《二年律令》412～413 簡：「免老、小未傅者、女子及諸有除者，縣道勿敢繇（徭）使。節（即）載粟，乃發公大夫以下子、未傅年十五以上者。」凌文超所說即據此。「未傅」即沒有載入徭役簿籍，《漢書・高帝紀》：「五月，漢王屯滎陽，蕭何發關中老弱未傅者悉詣軍。」顏師古注引孟康曰：「古者二十而傅，三年耕有一年儲，故二十三而後役之。」注引如淳曰：「律，年二十三傅之疇官，各從其父疇學之，高不滿六尺二寸以下為罷癃。《漢儀注》云民年二十三為正，一歲為衛士，一歲為材官騎士，習射御騎馳戰陣。又曰年五十六衰老，乃得免為庶民，就田里。今老弱未嘗傅者皆發之。未二十三為弱，過五十六為老。」顏師古曰：「傅，著也。言著名籍，給公家徭役也。」該簡顯示「小未傅」之人年二十歲，如釋文不誤的話，或傅籍之年為二十三歲。而「小」當非凌文超所說指年十五歲以下「小男」的「小」。

〔5〕彭祖：人名，為里正。

〔6〕殷：人名，為雒陽守丞。

〔7〕良：人名，為掾。

〔8〕陽：人名，為令史。

九月壬辰，居延令賢〔1〕、丞未央〔2〕移過所，如律令。／掾忠〔3〕、令史昌〔4〕。 73EJT33：44A+47A

居令延印　☐ 73EJT33：44B+47B

【集注】

〔1〕賢：人名，為居延縣令。

〔2〕未央：人名，為居延縣丞。

〔3〕忠：人名，為掾。

〔4〕昌：人名，為令史。

☐□有府籍，牛封頭，居延左尉印 73EJT33：48

☐癸酉朔 73EJT33：49

己丑赦令前……☐ 73EJT33：50

騂北亭卒李未央〔1〕母稺婦〔2〕☐ 73EJT33：53A

小庸　☐ 73EJT33：53B

【集注】

〔1〕李未央：人名，為騂北亭卒。

〔2〕稺婦：人名，為李未央母親。

甘露三年三月甲申朔丁亥〔1〕，張掖⧄
家輸橐他、廣地候官，書到⧄　　73EJT33：54A
肩水千人印　⧄
三月戊子，就家李幼君〔2〕以來　⧄　　73EJT33：54B

【集注】

〔1〕甘露三年三月甲申朔丁亥：甘露，漢宣帝劉詢年號。據徐錫祺（1997，1581頁），甘露三年三月丁亥即公曆公元前 51 年 4 月 9 日。

〔2〕李幼君：人名。

望松〔1〕隧卒趙山〔2〕自言貰賣官布⧄　　73EJT33：56A
青　⧄　　73EJT33：56B

【集注】

〔1〕望松：隧名。

〔2〕趙山：人名，為望山隧卒。

所擫日為病書〔1〕　　73EJT33：57

【校釋】

「所」字王強（2019A，331 頁）認為似應改釋作「而」。今按，該字作形，為漢簡中「所」字普遍寫法。

【集注】

〔1〕病書：薛英群（1984，282 頁）：病書，是記載吏卒日常健康情況和患病的記錄，其中是否也包括病假文書，這還需要有充分的例證。

李均明（2009，56～57 頁）：即病假報告……請病假的一般手續是由患者給所在單位遞交請假報告，再由所在單位逐級上報。

今按，薛說不確。病書就是病假文書，當如李均明所說為請病假的報告文書。

初元三年六月甲申朔甲午〔1〕，南鄉守嗇夫義〔2〕、佐光〔3〕敢言之⧄

73EJT33：58

【集注】

〔1〕初元三年六月甲申朔甲午：初元，漢元帝劉奭年號。據徐錫祺（1997，1591頁），初元三年六月甲午即公曆公元前 46 年 7 月 19 日。

〔2〕義：人名，為南鄉守嗇夫。

〔3〕光：人名，為南鄉佐。

⧄去君孟請張君至
⧄□復廋索□□□之　73EJT33：62

⧄□二年四月□□⧄
⧄□將卒六十人□⧄　73EJT33：64

伏地再拜子紺〔1〕足下：善毋恙。歲意〔2〕□⧄
歲意不得小居，食飲不主⧄　73EJT33：65A
離署部東候長肯不□主賤⧄
飲食不能主賤，意常悲，奈⧄　73EJT33：65B

【校釋】

B 面兩「賤」字圖版分別作、，顯然不為「賤」字，釋「賤」於文義也不能講通。從字形來看，其或當為「肥」字。暫存疑待釋。

【集注】

〔1〕子紺：為受信者，子紺當為其字。

〔2〕歲意：人名，為致信者。

雲〔1〕詣官驗問，對曰：雲為鄉佐、輔〔2〕為隧長，不便官⧄　73EJT33：66

【集注】

〔1〕雲：人名，為鄉佐。

〔2〕輔：人名，為隧長。

⧄□守俠　⧄　73EJT33：67A
⧄初元四年十一月□⧄　73EJT33：67B

【校釋】

A 面「守」字原作「字」，韓鵬飛（2019，1591 頁）作「守」。該字作形，釋「守」可信。

察敢言之　　73EJT33：72

⍁毋官徵事，當為傳，移所過縣邑，毋何留，敢言之。
⍁□□睢陽丞忠〔1〕移所過縣邑，毋何留，如律令。掾上〔2〕葆令史建〔3〕乘馬一匹　　73EJT33：77

【集注】

〔1〕忠：人名，為睢陽丞。

〔2〕上：人名，為掾。

〔3〕建：人名，為令史。

□□□前居迫前未進及前酒進泉伏羌諸初迫言伏之倉嗇夫乎（習字）　　73EJT33：78A
……尉前迫尉前尉死湯叩頭言有　　73EJT33：78B

……年三月己亥朔丙子，北鄉有秩福〔1〕敢告尉□□□□⍁
……毋官獄徵事，當取傳□□□□□□□□□□□⍁　　73EJT33：80A
□丞印　⍁　　73EJT33：80B

【校釋】

該簡年代許名瑲（2016C）、（2016F）、（2016G）、（2017A，99 頁）認為屬建昭元年（前 38），且指出建昭元年三月無「丙子」，簡文「丙子」或為「丙午」之訛。又認為就簡牘文書學言，亦不排除書手誤寫，己亥或本當作乙亥。胡永鵬（2016A，287 頁）亦指出為建昭元年。今按，該簡有關年份的文字殘缺，月朔及日期清晰無誤，或存在書寫時致誤的可能。

【集注】

〔1〕福：人名，為北鄉有秩嗇夫。

部界中不得，慎毋忽，如律令。／令史少□　　73EJT33：89

肩水金關 T34

甘露二年二月庚申朔庚午〔1〕，居延令弘〔2〕移□☐
縣界中，今欲去，書到，案名籍　出毋☐　　73EJT34：1A
曹子元〔3〕　凡八人，二月乙亥入　☐
段中宗〔4〕　☐
崔子玉〔5〕　居延令印　☐
夫人一　☐
從者三人　☐
奴一人　二月乙亥，曹子元以來　☐　　73EJT34：1B

【集注】

〔1〕甘露二年二月庚申朔庚午：甘露，漢宣帝劉詢年號。據徐錫祺（1997，1579頁），甘露二年二月庚午即公曆公元前52年3月28日。

〔2〕弘：人名，為居延縣令。

〔3〕曹子元：人名。

〔4〕段中宗：人名。

〔5〕崔子玉：人名。

十一月甲□，肩水候福〔1〕敢言之：謹☐
謁報，敢言之。　☐　　73EJT34：2

【集注】

〔1〕福：人名，為肩水候。

九月戊子，張掖肩水都尉弘〔1〕☐
□□籍死診爰書，會□☐　　73EJT34：3A
　□都尉章　☐
水
　九月己丑，騂北　以來　☐　　73EJT34：3B

【集注】

〔1〕弘：人名，為肩水都尉。

☐申朔丁丑，肩水候福〔1〕移城尉☐　73EJT34：4A

☐　嗇夫去疾〔2〕、尉史光〔3〕。　☐　73EJT34：4B

【校釋】

A 面「福」字筆迹不同於同簡其他文字，當為肩水候本人簽名。

【集注】

〔1〕福：人名，為肩水候。

〔2〕去疾：人名，為嗇夫。

〔3〕光：人名，為尉史。

五鳳三年十二月癸卯朔庚申〔1〕，守令史安世〔2〕敢言之：復作大男彭千秋〔3〕，故陳留郡〔4〕陳留〔5〕高里〔6〕，坐傷人論，會神爵四年三月丙辰赦
令，復作縣官一歲十月十日，作日備，免為庶人，道自致，謁移陳留過所縣道河津函谷關，毋苛留止，如律令，敢言之。
十二月庚申，居延令弘〔7〕、守丞安世〔8〕移過所縣道河津函谷關，毋苛留止，如律令，掾守令史安世。　73EJT34：6A

章曰居令延印　73EJT34：6B

【校釋】

第二行「神爵四年三月丙辰」許名瑲（2016C）、（2017A，107 頁）認為「丙辰」或為「庚辰」之誤。許名瑲（2016G）疑「辰」字或為「戌」之訛。尉侯凱（2016D）、（2017A，35 頁）認為簡文「三」當為「二」字之訛。黃艷萍（2017，154 頁）指出這一追述紀年的月朔有誤，或為原簡紀年抄寫有訛。姚磊（2019B，147 頁）認為書手把「二月」錯寫成了「三月」。今按，諸說多是，圖版字迹清晰，當為原簡書誤。

【集注】

〔1〕五鳳三年十二月癸卯朔庚申：五鳳，漢宣帝劉詢年號。據徐錫祺（1997，1574 頁），五鳳三年十二月庚申即公曆公元前 54 年 1 月 28 日。

〔2〕安世：人名，為守令史。

〔3〕彭千秋：人名，為申請傳者。

〔4〕陳留郡：周振鶴（2017，64 頁）：《漢志》陳留郡領十七縣，除去得自其他郡國三縣，即為元朔以前濟川國（郡）的範圍。

今按，說是。《漢書・地理志上》：「陳留郡，武帝元狩元年置。屬兗州。」

〔5〕陳留：漢陳留郡屬縣，為郡治所在。《漢書・地理志上》：「陳留，魯渠水首受狼湯渠，東至陽夏，入渦渠。」顏師古注引臣瓚曰：「宋亦有留，彭城留是也。留屬陳，故稱陳留也。」

〔6〕高里：里名，屬陳留縣。

〔7〕弘：人名，為居延縣令。

〔8〕安世：人名，為居延縣守丞。

▨初元二年大大伏九月月▨　　73EJT34：9+29

以傳出者，得人馬牛食穀，毋過廿斗及田關外。以符出者，得以頃畝出▨

73EJT34：11

▨……▨　　73EJT34：14

▨衣不堵，以此知而劾□▨　　73EJT34：24

▨□□治所▨　　73EJT34：25

▨□食　　73EJT34：26A

▨……　　73EJT34：26B

敢言之。　／嗇夫去□▨　　73EJT34：27

【校釋】

未釋字姚磊（2019G1）作「疾」。今按，該字殘斷，僅存一點墨迹，當從整理者釋。

▨名蘭越騂北亭　塞▨　　73EJT34：28

▨□移簿行邊兵〔1〕丞相史　　73EJT34：34A

▨卒史通〔2〕、書佐護〔3〕。　　73EJT34：34B

【集注】

〔1〕行邊兵：謝桂華、李均明（1982，152 頁）：「行邊兵」，意即視察邊塞軍事。《漢書・平帝紀》：「使謁者大司馬掾四十四人持節行邊兵」。

中國簡牘集成編輯委員會（2001C，19 頁）：循行、視察邊塞軍事裝備。

今按，諸說是。又《漢書・趙充國傳》：「宜遣使者行邊兵豫為備，敕視諸羌，毋令解仇，以發覺其謀。」

〔2〕通：人名，為卒史。

〔3〕護：人名，為書佐。

建昭五年五☐（削衣） 73EJT34：38

☐嗇夫賀〔1〕 ☐（削衣） 73EJT34：39

【集注】

〔1〕賀：人名，為嗇夫。

☐□書曰：戍卒濟陰成武〔1〕高里〔2〕黃
☐……凡直千□□（削衣） 73EJT34：40

【集注】

〔1〕成武：《漢書・地理志》屬山陽郡，《漢書・地理志上》：「成武，有楚丘亭。齊桓公所城，遷衛文公於此。子成公徙濮陽。莽曰成安。」據此簡則成武縣曾屬濟陰郡。

〔2〕高里：里名，屬成武縣。

掾奉光〔1〕、屬遷〔2〕。（削衣） 73EJT34：41

【集注】

〔1〕奉光：人名，為掾。

〔2〕遷：人名，為屬。

建昭五年五月甲戌朔戊戌〔1〕，屋闌長尊〔2〕、守☐
廣成〔3〕里□□□□□□□ ☐ 73EJT34：43

【集注】

〔1〕建昭五年五月甲戌朔戊戌：建昭，漢元帝劉奭年號。據徐錫祺（1997，1615頁），建昭五年五月戊戌即公曆公元前34年7月20日。

〔2〕尊：人名，為屋蘭縣長。

〔3〕廣成：里名。

☐……道津關，當☐（削衣） 73EJT34：44

☐□書伏地再☐（削衣） 73EJT34：45

☐□□□□足再拜☐（習字） 73EJT34：49

肩水金關 T35

☐水都尉政承〔1〕謂過所：遣泉亭〔2〕長
☐者如律令。／掾豐〔3〕、守令史登〔4〕。　　73EJT35：3

【校釋】

第一行「承」韓鵬飛（2019，1597 頁）作「丞」。今按，該字作形，當為「承」字不誤。

【集注】

〔1〕政承：人名，當為肩水都尉。

〔2〕泉亭：亭名。

〔3〕豐：人名，為掾。

〔4〕登：人名，為守令史。

牛直四千，將前負倉官錢，今皆折馮奉☐，貧急，毋它財物，願請
73EJT35：6

☐☐敢言之　☐
☐移過所，如律令。　掾晏〔1〕、守令史漢☐　　73EJT35：7

【集注】

〔1〕晏：人名，為掾。

始建國元年八月庚子朔甲辰〔1〕，居延守令、城騎千人　丞良〔2〕移卅井縣索、肩水金關：遣亭長程望〔3〕　　73EJT35：8+9A
☐……令史就〔4〕　　73EJT35：9B

【校釋】

何有祖（2016C）綴。A 面「移」原未釋，胡永鵬（2016A，404 頁）、姚磊（2017J3）補釋。

【集注】

〔1〕始建國元年八月庚子朔甲辰：始建國，王莽年號。據徐錫祺（1997，1700 頁），始建國元年八月甲辰即公曆公元 9 年 8 月 14 日。

〔2〕良：人名，為居延縣丞。

〔3〕程望：人名，為亭長。

〔4〕就：人名，為令史。

☐雒陽守丞脩〔1〕移過 73EJT35：13

【集注】

〔1〕脩：人名，為雒陽守丞。

肩水金關 T37

五鳳二年六月壬午朔己丑〔1〕，巍郡貝丘〔2〕四望〔3〕亭長寬〔4〕調為郡迎
☐之：謹移罷田卒名籍〔5〕一編，敢言之。 73EJT37：740A+1
亭長寬 73EJT37：740B

【校釋】

姚磊（2019E1）綴。A 面「巍」原作「魏」，高一致（2016B）認為應釋「巍」。今按，該字作 形，據字形確當為「巍」。

【集注】

〔1〕五鳳二年六月壬午朔己丑：五鳳，漢宣帝劉詢年號。據徐錫祺（1997，1571 頁），五鳳二年六月己丑即公曆公元前 56 年 7 月 6 日。

〔2〕貝丘：周振鶴（2017，87 頁）：居延漢簡有「魏郡貝丘」之記載（82·9），說明《漢志》清河郡貝丘縣曾隸屬過魏郡，但隸屬的具體時間不明。

今按，其說是。貝丘《漢志》屬清河郡。《漢書·地理志上》：「貝丘，都尉治。」顏師古注引應劭曰：「《左氏傳》『齊襄公田于貝丘』是。」該簡顯示五鳳二年時貝丘屬魏郡。

〔3〕四望：亭名。

〔4〕寬：人名，為亭長。

〔5〕罷田卒名籍：即服役期滿罷歸故鄉的田卒名單。

毋官獄徵事，謁疎書嬰齊〔1〕等年長物色，謁移肩水金關，以致籍出，來
復傳入，如律令，敢言之。 73EJT37：4+1172

【校釋】

姚磊（2016B1）綴，第一行「疎」原未釋，綴合後釋。

【集注】

〔1〕嬰齊：人名。《急就篇》可見人名「伊嬰齊」，顏師古注：「嬰齊，謂嬰兒之絜齊者也。魯有公孫嬰齊，漢有南越王趙嬰齊。」

☐移過所縣道河津關，遣令史孫仁☐ 73EJT37：5

元延元年八月乙未朔甲子〔1〕，居延城倉長護〔2〕移過所縣道津關：遣丞高憙〔3〕將轉肩水
候官，當舍傳舍，從者如律令。　／掾明〔4〕、佐並〔5〕。

73EJT37：275+248+301+7

【校釋】

簡 73EJT37：275+248 許名瑲（2016A）、（2017A，96 頁）綴；謝坤（2017A，72 頁）又綴簡 73EJT37：275+301；姚磊（2016C5）又綴合簡 73EJT37：7 與上述三簡。

【集注】

〔1〕元延元年八月乙未朔甲子：元延，漢成帝劉驁年號。據徐錫祺（1997，1660 頁），元延元年八月甲子即公曆公元前 12 年 10 月 18 日。

〔2〕護：人名，為居延城倉長。

〔3〕高憙：人名，為居延城倉丞。

〔4〕明：人名，為掾。

〔5〕並：人名，為佐。

六月乙巳，廣地守尉崇〔1〕寫移☐ 73EJT37：1182+490+8

【校釋】

簡 73EJT37：490+8 姚磊（2016B1）綴，姚磊（2020B，118 頁）又綴簡 73EJT37：1182。

【集注】

〔1〕崇：人名，為廣地守尉。

☐如律令 73EJT37：9

☑令。／掾成〔1〕、令史信〔2〕。　　73EJT37：11

【集注】

〔1〕成：人名，為掾。

〔2〕信：人名，為令史。

☑言之。
☑移過所，如律令。　／掾承□☑　　73EJT37：18

【校釋】

未釋字姚磊（2016D2）補「守」。今按，補釋或可從，但該字下半大部殘缺，不能確知，當從整理者釋。

☑錢如牒，書到，出內如律令。　　73EJT37：21

建平三年二月壬子朔己卯〔1〕，中鄉嗇夫定〔2〕、守斗食佐受〔3〕、佐宣〔4〕敢言之：長安□□里男子□　　73EJT37：22

【集注】

〔1〕建平三年二月壬子朔己卯：建平，漢哀帝劉欣年號。據徐錫祺（1997，1675頁），建平三年二月己卯即公曆公元前4年3月25日。

〔2〕定：人名，為中鄉嗇夫。

〔3〕受：人名，為中鄉守斗食佐。

〔4〕宣：人名，為中鄉佐。

☑□肩水金關，遣吏
☑令。　九月辛丑，南，佐音〔1〕入。　　73EJT37：23A
☑／守令史宏〔2〕　　73EJT37：23B

【集注】

〔1〕音：人名，為佐。

〔2〕宏：人名，為守令史。

白錢卿：今旦亭西賈車長未但數　　73EJT37：24A+648A
囊絮累，奈何平　　73EJT37：24B+648B

【校釋】

謝坤（2016G）、（2016I，244 頁）綴。又 A 面「長」字圖版作[illegible]，當為「去」字。

☑……移縣索、金
☑千人兼祿福〔1〕長、守丞、沙頭〔2〕尉章〔3〕移居
☑□守令史房〔4〕　73EJT37：26

【校釋】

姚磊（2017M，191 頁）綴合簡 73EJT37：721 和該簡。今按，兩簡似可綴合，但茬口處不能密合。

【集注】

〔1〕祿福：勞榦（1960，29～30 頁）：祿福，酒泉郡治。吳卓信《漢書・地理志》補註云：「晉隋唐並作福祿。考《郃陽令曹全碑》云：『拜酒泉祿福長』，《三國志・龐淯傳》：『有祿福長尹嘉』，皇甫謙《列女傳》載龐娥親事，亦云祿福趙君安之女，是漢魏之間，猶稱祿福，其改福祿，當自晉始，《晉書・張重華傳》：『封中堅將軍為福祿伯』此其證也。」今此簡較曹全為早，仍作祿福，可證祿福是其舊名矣。

今按，說是。祿福為酒泉郡屬縣，郡治所在。《漢書・地理志下》：「祿福，呼蠶水出南羌中，東北至會水入羌谷。莽曰顯德。」

〔2〕沙頭：酒泉郡屬縣，《漢書・地理志》作「池頭」。

〔3〕章：人名，為沙頭縣尉。

〔4〕房：人名，為守令史。

守長　守尉獲〔1〕行丞事移肩水金關、卅井　73EJT37：27

【集注】

〔1〕獲：人名，為守尉。

官〔1〕從者居延西道〔2〕里……☑
誼〔3〕從者居延利上〔4〕里公大夫〔5〕王外人〔6〕，年□□、長七尺四寸、黑色
卩　☑

元康三年九月辛卯朔壬子〔7〕，佐宣〔8〕敢言之：□□□長誼逐命張掖、酒泉郡中，與從者西道▨
▨以令取傳。謹踈年長物色，謁移肩水金關，出，來復傳，敢言之。
▨水金關，如律令。／掾延年〔9〕、佐宣。 73EJT37：28A+653+1133
印曰居延丞印 ▨ 73EJT37：28B

【校釋】

姚磊（2016K，227頁）綴。第四行「長誼」的「長」原簡73EJT37：653作「張」，原簡73EJT37：1133作「長」，綴合後釋。又第一行「道」原作「昌」，姚磊（2017F2）釋。第四行「佐宣」原未釋，姚磊（2017F2）補釋；「命」原作「市」，丁義娟（2017A）、（2019，3頁）釋。

又第一行「里」下姚磊（2017F2）補「簪褭」兩字。今按，補釋或可從，但所補文字右半殘缺，不能確知，當從整理者釋。

【集注】

〔1〕官：姚磊（2016K，228頁）：「官從者」「誼從者」中的「官」和「誼」應是人名，屬於雇主。

今按，其說是。「官」為人名。

〔2〕西道：里名，屬居延縣。

〔3〕誼：人名。

〔4〕利上：里名，屬居延縣。

〔5〕公大夫：秦漢二十等爵制的第七級。《漢書·百官公卿表上》：「爵：一級曰公士……七公大夫。」顏師古注：「加官、公者，示稍尊也。」

〔6〕王外人：人名，為誼從者。

〔7〕元康三年九月辛卯朔壬子：元康，漢宣帝劉詢年號。據徐錫祺（1997，1558頁），元康三年九月壬子即公曆公元前63年11月3日。

〔8〕宣：人名，為佐。

〔9〕延年：人名，為掾。

▨以小官印行候事謂關吏：遣卒徐宣
▨如律令。 73EJT37：29

……取傳，謁移肩水金關、居延縣索關，出入毋苛留，敢言之。

七月庚戌，觻得長□、丞臨〔1〕移過所亭□，如律令。　／掾陽〔2〕、令史竟〔3〕。　73EJT37：1484A+30

觻得長印　73EJT37：1484B

【校釋】

姚磊（2016D6）綴，A 面第二行「如」字原未釋，綴合後釋。

【集注】

〔1〕臨：人名，為觻得縣丞。

〔2〕陽：人名，為掾。

〔3〕竟：人名，為令史。

☐　忠忠忠　☐　73EJT37：31

建平元年十月乙酉〔1〕，張掖居延都尉雲〔2〕、丞歆〔3〕謂居延卅井鄣候：遣屬王宣〔4〕案驗
事，當舍傳舍，從者如律令。　兼掾賞〔5〕、屬蒲〔6〕、書佐政〔7〕。
73EJT37：706+33

【校釋】

謝坤（2017A，70 頁）綴。

【集注】

〔1〕建平元年十月乙酉：建平，漢哀帝劉欣年號。據徐錫祺（1997，1672 頁），建平元年十月乙酉即公曆公元前 6 年 12 月 7 日。

〔2〕雲：人名，為居延都尉。

〔3〕歆：人名，為丞。

〔4〕王宣：人名，為屬。

〔5〕賞：人名，為兼掾。

〔6〕蒲：人名，為屬。

〔7〕政：人名，為書佐。

永始四年九月辛丑朔戊辰〔1〕，都鄉嗇夫恭〔2〕敢言之：三泉〔3〕里男子□咸自言為騎士從史何歆〔4〕葆□□

…… 73EJT37：38

【集注】

〔1〕永始四年九月辛丑朔戊辰：永始，漢成帝劉驁年號。據徐錫祺（1997，1658 頁），永始四年九月戊辰公曆公元前 13 年 10 月 27 日。

〔2〕恭：人名，為都鄉嗇夫。

〔3〕三泉：里名。

〔4〕何歆：人名，為從史。

……己巳……遣候史王□輸錢□□縣
爵里年姓如牒，書到出入 73EJT37：39B+691A
張掖封淺塞尉……發
二月辛未以來……令史壽 73EJT37：39A+691B

【校釋】

姚磊（2016E3）綴，第一行「己巳」的「己」原未釋，「巳」原作「已」，第二行「爵」原未釋，均綴合後釋。又第一行「縣」前未釋字姚磊（2016E3）補「名」。今按，補釋或可從，但圖版漫漶不清，當從整理者釋。

……☐
長王豐〔1〕行書、校郵書橐他界中……☐ 73EJT37：41

【集注】

〔1〕王豐：人名。

☐詣府 73EJT37：44

五鳳二年十一月己卯朔丁亥〔1〕，廣地候☐（觚） 73EJT37：49A
齎〔2〕十一月穀簿之府校，檄到，毋留止☐（觚） 73EJT37：49B

【集注】

〔1〕五鳳二年十一月己卯朔丁亥：五鳳，漢宣帝劉詢年號。據徐錫祺（1997，1572 頁），五鳳二年十一月丁亥即公曆公元前 56 年 12 月 31 日。

〔2〕齎：黃浩波（2017B）：「齎」當讀為「賷」，訓為持。今按，說是。參簡 73EJT7：3「賷」集注。

☐寅，𩵋得都鄉嗇夫褒〔1〕敢言之：氐池常利〔2〕里男子程放〔3〕自言為家私使
☐放桃田檢有程放年爵如牒，毋官獄徵事，當得取傳，謁移肩水

73EJT37：52

【集注】

〔1〕褒：人名，為都鄉嗇夫。

〔2〕常利：里名，屬氐池縣。

〔3〕程放：人名，為申請傳者。

君數哀憐全命，不忍　☐　　73EJT37：54

元延四年九月戊寅朔丁酉〔1〕，都鄉有秩訢〔2〕敢言之：東脩禮〔3〕里田忠〔4〕
自言田𩵋得，介在亭西二舍北□□□
更至五年八月更封，敢言之。
九月丁酉，茂陵令閣〔5〕、丞護〔6〕移𩵋得，如律令。　／掾竟〔7〕、令史豐〔8〕。

73EJT37：1452+1460+55

【校釋】

簡 73EJT37：1452+1460 整理者綴，謝坤（2016D）、（2018，132 頁）又綴合簡 73EJT37：55。又第二行未釋三字中，後兩字秦鳳鶴（2018B，530 頁）補釋作「命令」，第一字韓鵬飛（2019，1601 頁）補作「前」。

今按，第二行未釋三字分別作、、形，根據文義來看，其應當是描述田地方位和處所的詞語，因此其補釋「前命令」恐非，暫存疑待考。

【集注】

〔1〕元延四年九月戊寅朔丁酉：元延，漢成帝劉驁年號。據徐錫祺（1997，1666 頁），元延四年九月丁酉即公曆公元前 9 年 11 月 4 日。

〔2〕訢：人名，為都鄉有秩嗇夫。

〔3〕東脩禮：當為里名，屬茂陵縣。

〔4〕田忠：人名，為申請傳者。

〔5〕閣：人名，為茂陵縣令。

〔6〕護：人名，為茂陵縣丞。

〔7〕竟：人名，為掾。

〔8〕豐：人名，為令史。

五月戊戌，除補〔1〕肩水中部候史，以主領吏卒徼迹、備盜賊

73EJT37：355+56

【校釋】

姚磊（2017H9，268 頁）綴。

【集注】

〔1〕除補：中國簡牘集成編輯委員會（2001G，12 頁）：官吏任免術語。除即任命。《漢書·景帝紀》：「列侯薨及諸侯太傅初除之官，大行奏謚、誄、策。」顏師古注引如淳曰：「凡言除者，除故官就新官也，」補為補缺。

今按，說是。除補即任命官吏以補缺。

☐□虜隧長王豐〔1〕以大刀刃擊傷中部守候長朱餘〔2〕右肩　73EJT37：57

【集注】

〔1〕王豐：人名，為隧長。

〔2〕朱餘：人名，為中部守候長。

元延四年十一月丁丑朔乙未〔1〕，西鄉嗇夫竟〔2〕、佐政〔3〕敢言之：利貴〔4〕里男子賈章〔5〕自言為家私使

之張掖居延，願以律取傳。謹案，章年姓如牒，毋官獄徵事，當得取……

73EJT37：59+471

【校釋】

姚磊（2016B2）綴，綴合後從何有祖補釋兩「章」字。

【集注】

〔1〕元延四年十一月丁丑朔乙未：元延，漢成帝劉驁年號。據徐錫祺（1997，1666 頁），元延四年十一月乙未即公曆公元前 8 年 1 月 1 日。

〔2〕竟：人名，為西鄉嗇夫。

〔3〕政：人名，為西鄉佐。

〔4〕利貴：里名。

〔5〕賈章：人名，為申請傳者。

……守丞宮〔1〕移卅井縣索、肩水金關：寫移書到，出入

如律令。　兼掾豐〔2〕、守令史宣〔3〕、佐恭〔4〕。

73EJT37：1560A+246B+61A

居令延印　即日嗇夫豐〔5〕發

……　　73EJT37：1560B+246A+61B

【校釋】

簡 73EJT37：246+61 姚磊（2016C6）綴，顏世鉉（2016H）又綴簡 73EJT37：1560。又 B 面未釋字郭偉濤（2017C）、（2019，116 頁）補「君前」二字，韓鵬飛（2019，1602 頁）作「已入」。今按，所釋字大部分殘損，據殘餘字迹和文義來看，或當是「門下」，暫從整理者釋。

【集注】

〔1〕宮：人名，為守丞。

〔2〕豐：人名，為兼掾。

〔3〕宣：人名，為守令史。

〔4〕恭：人名，為佐。

〔5〕嗇夫豐：黃浩波（2016B）：李豐任職至遲始於建平元年十月，而下限至多可延伸至元壽元年十月之前。

今按，其說是。嗇夫豐即肩水金關關嗇夫李豐。

四月戊戌，會水丞並〔1〕移肩水金關、居延縣索關：寫移，如律令。／掾嘉〔2〕、守令史放〔3〕。　　73EJT37：67+121

【校釋】

謝坤（2016E）、（2018，132 頁）綴。

【集注】

〔1〕並：人名，為會水縣丞。

〔2〕嘉：人名，為掾。

〔3〕放：人名，為守令史。

……

☐十……所入……嚴武……及先置付莫當〔1〕孫☐從者欽　　73EJT37：68

【集注】

〔1〕莫當：隧名。

☐□□謹案，□等皆毋官獄徵事，當得取傳　　73EJT37：72

……如律令。　……　　73EJT37：73A

居延令印　嗇夫欽〔1〕白　　73EJT37：73B

【校釋】

B 面「欽」原作「錢」，顏世鉉（2016G）釋。

【集注】

〔1〕欽：人名，為金關關嗇夫。

縣丞□□□如牒，書到出入，盡五□□□止，如律令　　73EJT37：74

【校釋】

「五」下一字圖版作[字形]形，右部殘缺，可釋作「月」。「月」字金關漢簡常作[字形]（73EJT3：4）、[字形]（73EJT37：998）等形，可以參看。「出入盡某月止」漢簡常見，如簡 73EJT23：79A 有「出入盡十二月止，如律令」。

謹□東部候長　南部候長等□自言曰：從正月以來☐　　73EJT37：75

【校釋】

「自」原作「白」，韓鵬飛（2019，1603 頁）作「自」。該字作[字形]形，據字形和文義來看，釋「自」可信。

毋狀，罪當死當坐，叩頭死罪死罪。　　73EJT37：84

署肩水候官，驛十月中到肩水候官，至十二月中，從令史橋悟〔1〕妻細君　　73EJT37：85

【校釋】

以上兩簡形制相同，字體筆迹一致，內容相關，或屬於同一簡冊，可編連。

【集注】

〔1〕橋悟：人名，為從令史。

孟君恩澤甚深厚，叩頭死罪死罪，敢言之。　　73EJT37：86

水深一尺以上，至二尺，不可芀〔1〕葦，方日夜。 ▨　　73EJT37：87

【校釋】

「芀」原作「艻」，尉侯凱（2016D）、（2017A，36頁）認為當釋「芀」。今按，說是。據字形和文義來看，當作「芀」。

【集注】

〔1〕芀：尉侯凱（2016D）、（2017A，36頁）：「芀」即「苕」字，讀為「銚」，《呂氏春秋・簡選》：「可以勝人之長銚利兵。」高誘注：「銚，讀曰葦苕之苕。」銚有砍削之意。

今按，說或是。「芀」亦可讀作「鉊」。《篆隸萬象名義》：「鉊，刈。」

符如牒，書到，出入如律令。　　73EJT37：88A

張掖廣地候印　……　　73EJT37：88B

建平元年九月庚寅朔丁未〔1〕，掾音〔2〕敢言之：官大奴杜勝〔3〕自言與都尉五官掾〔4〕石博〔5〕

葆俱，移簿大守府，願已令取傳，謁移過所縣道河津關，毋苛留，如律令，敢言之。　　73EJT37:780

九月丁未，居延庫守丞長〔6〕移過所，如律令。

掾音。　　73EJT37：89

【校釋】

以上兩簡姚磊（2017D7，220頁）認為屬同一簡冊，可編連。今按，說是。兩簡字體筆迹一致，內容關聯，應屬同一簡冊。

【集注】

〔1〕建平元年九月庚寅朔丁未：建平，漢哀帝劉欣年號。據徐錫祺（1997，1672頁），建平元年九月丁未即公曆公元前6年10月30日。

〔2〕音：人名，為掾。

〔3〕杜勝：人名，為官大奴。

〔4〕五官掾：陳夢家（1980，120頁）：其職事，《百官志》本注曰「署功曹及諸曹

事」，位僅次於功曹。春秋祀饗，居諸曹之首，見《隸釋》一「史晨饗孔廟後碑」及《隸釋》二「桐柏淮源廟碑」。

陳直（2009，122 頁）：五官掾惟郡有之，見《續漢書・百官志》，在縣則稱為廷掾。

今按，諸說多是。《後漢書・百官志五》：「有功曹史，主選署功勞。有五官掾，署功曹及諸曹事。」從該簡來看，都尉府亦有五官掾。

〔5〕石博：人名，為五官掾。

〔6〕長：人名，為居延庫守丞。

道津關，如律令。／佐順〔1〕。 73EJT37：90A

章曰平淮左丞〔2〕 73EJT37：90B

【集注】

〔1〕順：人名，為佐。

〔2〕平淮左丞：「淮」黃浩波（2017B）認為可讀為「準」，平準為大司農屬官，有令，亦有丞……就常理而言，有左丞，當有與之對應的右丞。因而，至少在西漢的某個時期，平準有左右兩丞。《續漢書・百官志》所謂「丞一人」或者誤「二」為「一」，或者所記乃東漢的情形而非西漢時期的實情。

今按，其說當是。「淮」當通「準」。

收責居延，毋苛留止，如律令。 73EJT37：91A

□□□□□□ 73EJT37：91B

甘露元年十一月壬辰朔戊午〔1〕，廣地士吏護〔2〕兼行塞尉事
敢言之：謹移家屬出入金關名籍一編，敢言之。 73EJT37：96

【集注】

〔1〕甘露元年十一月壬辰朔戊午：甘露，漢宣帝劉詢年號。據徐錫祺（1997，1578 頁），甘露元年十一月戊午即公曆公元前 52 年 1 月 15 日。

〔2〕護：人名，為廣地士吏。

建平三年六月壬寅〔1〕，　六月丁未北嗇夫□□出
張掖大守遣守屬趙誼〔2〕驚戒肩水居延，
以令為駕一封軺傳〔3〕。（上）

張掖大守業〔4〕、右部司馬章〔5〕行長史
事、丞咸〔6〕謂觻得以次為駕，如律令。
／掾敞〔7〕、屬奉〔8〕、書佐凷丹〔9〕。（下） 73EJT37：97

【校釋】

第一行未釋兩字姚磊（2016A3）認為是一「豐」字，郭偉濤（2017A，250頁）亦補「豐」。今按，據文意補釋可從，但該字圖版殘缺，暫從整理者釋。

【集注】

〔1〕建平三年六月壬寅：建平，漢哀帝劉欣年號。據徐錫祺（1997，1675頁），建平三年六月壬寅即公曆公元前4年8月15日。

〔2〕趙誼：人名，為守屬。

〔3〕一封軺傳：胡平生、張德芳（2001，30頁）：憑一封傳信乘坐的單馬拉的軺車。

張德芳（2005，65頁）：《漢書·平帝紀》「在所為駕一封軺傳」注引如淳曰：「律，諸當乘傳及發駕置傳者，皆持尺五寸木傳信，封以御史大夫印章。其乘傳參封之。參，三也。有期會累封兩端，端各兩封，凡四封也。乘置馳傳五封之，兩端各二，中央一也。軺傳兩馬再封之，一馬一封也。」……傳信要加封，以加封的多少決定乘車的檔次。一封者即所謂「一封軺傳」，即駕一匹馬的軺車；二封者即為「二封軺傳」，即駕兩馬的軺車；三封、四封、五封者分別為駕四匹馬的乘傳、馳傳、置傳。

初世賓（2010，193頁）：是驛置最低檔次的傳車馬，即一馬所拉輕型軺車。

今按，諸說是。一封即只加一個封印，軺傳為用作傳車的軺車。據上述《漢書》所載律文來看，一封軺傳為一匹馬所拉的軺車。

〔4〕業：人名，為張掖太守。

〔5〕章：人名，為右部司馬。

〔6〕咸：人名，為張掖丞。

〔7〕敞：人名，為掾。

〔8〕奉：人名，為屬。

〔9〕凷丹：人名，為書佐。

職事毋狀，罪當☐ 73EJT37：109

☐爵三年九月戊戌朔辛酉，佐忠〔1〕敢言☐
☐……☐　　73EJT37：112

【校釋】

年號「爵三年」許名瑲（2016G）補作「神爵」。今按，說是。神爵，漢宣帝劉詢年號。據徐錫祺（1997，1566 頁），神爵三年九月辛酉即公曆公元前 59 年 10 月 22 日。

【集注】

〔1〕忠：人名，為佐。

☐□□死過得令至今□☐　　73EJT37：119

【校釋】

姚磊（2016F4）遙綴簡 73EJT37：627 和該簡。今按，兩簡形制、字體筆迹等較一致，或存同屬一簡的可能，但不能直接拼合。

☐□卒賈黨〔1〕買白布　　73EJT37：122

【集注】

〔1〕賈黨：人名，為戍卒。

☐不相見，成不知亡卒　　73EJT37：124

治所毋留。　／關佐通〔1〕　☐　　73EJT37：134

【集注】

〔1〕通：人名，為關佐。

建平元年十一月丁酉〔1〕，張掖居延延水□□□☐　　73EJT37：139+391

【校釋】

姚磊（2016B3）綴。

【集注】

〔1〕建平元年十一月丁酉：建平，漢哀帝劉欣年號。據徐錫祺（1997，1672 頁），建平元年十一月己丑朔，初九日丁酉，為公曆公元前 6 年 12 月 19 日。

☐長弘〔1〕移過所：遣假佐耐〔2〕逐事酒泉、張掖郡中，與從者溫千秋〔3〕里張杜〔4〕俱，乘馬一匹、軺車　73EJT37:140

【集注】

〔1〕弘：人名。

〔2〕耐：人名，為假佐。

〔3〕千秋：里名，屬溫縣。

〔4〕張杜：人名，為從者。

元延三年三月丙辰朔甲子〔1〕，肩水守城尉計〔2〕移肩水金關：士吏□宣自言　73EJT37：143+729A

☐　嗇夫□　73EJT37:729B

【校釋】

姚磊（2016E1）、（2018E，23 頁）綴。

【集注】

〔1〕元延三年三月丙辰朔甲子：元延，漢成帝劉驁年號。據徐錫祺（1997，1663 頁），元延三年三月甲子即公曆公元前 10 年 4 月 11 日。

〔2〕計：人名，為肩水守城尉。

☐□謁移肩水金關，如律令，敢言之。　73EJT37:144

廣地候官寫傳〔1〕肩水候□□□□□□☐　73EJT37:146A+1561B

盡十月十日己未行塞函　☐　73EJT37:146B+1561A

【校釋】

姚磊（2016K，230 頁）綴，並釋 A 面「候」下一字為「官」。今按，補釋或可從，但圖版漫漶不清，不能確知，當從整理者釋。

該簡年代許名瑲（2016F）、（2016G）、（2017A，100 頁）推定為五鳳二年。今按，其說當是。五鳳，漢宣帝劉詢年號。據徐錫祺（1997，1572 頁），五鳳二年十月庚戌朔，初十己未，為公曆公元前 56 年 12 月 3 日。

【集注】

〔1〕寫傳：中國簡牘集成編輯委員會（2001D，229 頁）：抄寫傳達。

今按，說是。寫傳即抄寫傳遞，其意當和寫移相同。

囂陵〔1〕里男子楊譚〔2〕自言欲取偃檢，客田張掖居延南□亭部。謹案，譚□皆非亡人命者，當得取偃檢，父老尹襃〔3〕證，謁移居延，如律令，敢言之。

73EJT37：974+147+417+1252

【校釋】

簡 73EJT37：147+417 整理者綴，姚磊（2016C7）又綴簡 73EJT37：974 和簡 73EJT37：1252。又第一行簡末未釋字姚磊（2016C7）釋「等」。今按，據文義補釋可從，但該字下部殘缺，不能確知，當從整理者釋。

【集注】

〔1〕囂陵：里名。

〔2〕楊譚：人名，為申請傳者。

〔3〕尹襃：人名，為里父老。

綏和二年閏月丁酉朔乙丑〔1〕☑ 73EJT37：148

【校釋】

姚磊（2017M，186 頁）綴合該簡和簡 73EJT37：422。今按，兩簡茬口處並不十分密合，字體筆迹亦有一定差距。該簡筆畫細而流暢，且字間距較大，而簡 73EJT37：422 字體拙樸且字間距較小，因此兩簡或不能綴合。

【集注】

〔1〕綏和二年閏月丁酉朔乙丑：綏和，漢成帝劉驁年號。據徐錫祺（1997，1670 頁），綏和二年閏七月乙丑即公曆公元前 7 年 9 月 23 日。

☑癸未，都鄉有秩、佐忠〔1〕敢言之：廣成〔2〕里男子閻憙〔3〕自言為居延就〔4〕。謹案，憙毋官

☑移過所…… 73EJT37：151

【校釋】

第一行「秩」字黃艷萍（2016B，138 頁）、（2018，140 頁）認為當隸定作「豒」，通假為「秩」。今按，其說當是，該字作形，據字形則為「豒」。

【集注】

〔1〕忠：人名，為都鄉佐。

〔2〕廣成：里名。

〔3〕閻憙：人名，為申請傳者。

〔4〕就：通「僦」，意為租賃。《漢書・酷吏傳・田延年》：「大司農取民牛車三萬兩為僦，載沙便橋下。」顏師古注：「僦，謂賃之與雇直也。」漢簡所見，出租自己的車輛替人運輸貨物為僦。

建平元年正月甲午朔戊戌〔1〕，北部候長宣〔2〕敢言之：謹移部吏家屬符〔3〕，謁移肩水金關，出入如律令，敢言之。 73EJT37：152

【集注】

〔1〕建平元年正月甲午朔戊戌：建平，漢哀帝劉欣年號。據徐錫祺（1997，1671頁），建平元年正月戊戌即公曆公元前6年2月23日。

〔2〕宣：人名，為北部候長。

〔3〕吏家屬符：即官吏家屬出入關口時所持有的符，也即通行證。

地節四年正月壬午朔甲申〔1〕，南鄉佐建〔2〕敢告尉史：東楡〔3〕里石壽〔4〕為☐
……☐ 73EJT37：156

【集注】

〔1〕地節四年正月壬午朔甲申：地節，漢宣帝劉詢年號。據徐錫祺（1997，1551頁），地節四年正月甲申即公曆公元前66年2月24日。

〔2〕建：人名，為南鄉佐。

〔3〕東楡：里名。

〔4〕石壽：人名，為申請傳者。

……☐
……年爵里如書，毋官獄徵事，當為取傳，寫移，往來百廿日，謁移過所縣邑道上津關門亭，毋留☐
二月庚午陽陵〔1〕令　守丞勳〔2〕　移肩水金關□□□☐ 73EJT37：157

【集注】

〔1〕陽陵：漢左馮翊屬縣。《漢書・地理志上》：「陽陵，故弋陽，景帝更名。莽曰渭陽。」

〔2〕勳：人名，為陽陵縣守丞。

☑□日勒女子專真〔1〕自言，迺甘露四年與　73EJT37：158

【集注】

〔1〕專真：人名。

建平二年十一月甲申朔己酉〔1〕，守令史長〔2〕敢言之：平明〔3〕里男子孫仁〔4〕自言弟放〔5〕為都尉守屬，繇之

□□□□願以令取傳，與□俱。謹案，臧官者仁爵大夫、年廿五、毋官獄徵事，當　73EJT37：160A+642

居延丞印丿善恙　73EJT37：160B

【校釋】

伊強（2016B）綴。

【集注】

〔1〕建平二年十一月甲申朔己酉：建平，漢哀帝劉欣年號。據徐錫祺（1997，1674頁），建平二年十一月己酉即公曆公元前5年12月25日。

〔2〕長：人名，為守令史。

〔3〕平明：里名，屬居延縣。

〔4〕孫仁：人名，為申請傳者。

〔5〕放：人名，為孫仁弟。

建平三年十一月戊申朔乙亥〔1〕，居延令彊□☑

游徼徐宣〔2〕送乞鞫囚〔3〕祿福獄，當☑　73EJT37：161A

居令延印□☑　73EJT37：161B

【集注】

〔1〕建平三年十一月戊申朔乙亥：建平，漢哀帝劉欣年號。據徐錫祺（1997，1676頁），建平三年十一月乙亥即公曆公元前3年1月15日。

〔2〕徐宣：人名，為游徼。

〔3〕乞鞫囚：「乞鞫」即請求重審，又作「乞鞫」。《史記·樊酈滕灌列傳》：「高祖時為亭長，重坐傷人，告故不傷嬰，嬰證之。」裴駰《集解》引鄧展曰：「律有故乞鞫。高祖自告不傷人。」司馬貞《索隱》：「案：《晉令》云『獄結竟，呼囚鞫語罪狀，囚若稱枉欲乞鞫者，許之也。』」該簡乞鞫囚即請求重新審理案件的囚犯。

☐明鄉嗇夫放〔1〕、叚佐玄〔2〕敢言之□☐
☐事，當得取檢〔3〕，謁移居延□☐　　73EJT37：162

【集注】

〔1〕放：人名，為鄉嗇夫。

〔2〕玄：人名，為鄉假佐。

〔3〕取檢：汪桂海（1999，63頁）：傳的封緘方式有兩種：一種是像大多數文書的封緘一樣，在傳文上覆蓋一塊木板即檢，然後纏束、捺封泥、加印章……另一種封緘方式雖亦用封泥，加印章，但沒有遮蓋傳文的封檢，封泥槽刻齒在書寫傳文的簡上，印封時直接捺封泥加印章即可，不再以繩纏束……因為這種傳（過所）形制與封檢相同，故有時也把這種傳（過所）稱檢。

今按，該簡「檢」即用以指傳。傳又稱作檢應當如汪桂海所說，是因為傳上有封泥槽，可以封印，其形制如封檢。需要注意的是，這種傳上即有封泥槽，直接加以封印的方式為傳的唯一封緘方式，並不存在另外在傳文書上覆蓋木板進行封緘的做法。

☐　即日薄關　☐　　73EJT37：163A
☐……水☐
☐□出入盡十二月止☐　　73EJT37：163B

建始五年三月辛朔乙巳〔1〕，令史譚〔2〕敢言☐
軺車一乘，謁移過所縣道河津關，毋苛☐　　73EJT37：164

【校釋】

「朔」前許名瑲（2016C）、（2016G）、（2017A，107頁），魏振龍（2016C，67頁），胡永鵬（2016A，316頁）認為脫「丑」字，當補「丑」字，作「辛丑朔」。今按，說是，當為原簡書寫時脫漏。

【集注】

〔1〕建始五年三月辛朔乙巳：許名瑲（2016C）、（2016G）、（2017A，108頁）：成帝建始五年春三月改元「河平」，「建始五年」即「河平元年」，河平元年三月辛丑朔，五日乙巳。

今按，說是。建始，漢成帝劉驁年號，建始五年即河平元年。據徐錫祺（1997，1627頁），河平元年三月乙巳即公曆公元前28年4月26日。

〔2〕譚：人名，為令史。

☑……敢言之　☑
☑守丞、右尉尊〔1〕移過所，寫移，書到，毋何留☑　　73EJT37：165

【集注】

〔1〕尊：人名，為守丞、右尉。

☑肩水關嗇夫豐〔1〕以小官印行☑
☑令　☑　　73EJT37：168

【集注】

〔1〕豐：人名，為關嗇夫。

☑／掾延年〔1〕、令☑　　73EJT37：169A
☑居延丞印　☑　　73EJT37：169B

【集注】

〔1〕延年：人名，為掾。

卅井縣索、肩水金關，出入如律令，敢言之☑　　73EJT37：638+172

【校釋】

姚磊（2016C1）綴。

☑□□等曰，脩成〔1〕里男子章平〔2〕自言欲取傳，為家私使至□☑
73EJT37：426+173

【校釋】

伊強（2016C）綴。

【集注】

〔1〕脩成：里名。

〔2〕章平：人名，為申請傳者。

居延丞印　正月廿一日駿〔1〕以來　☑　　73EJT37：220+174

【校釋】

姚磊（2016C6）綴。

【集注】

〔1〕駿：人名。

長叔孫婦執事〔1〕坐前：善毋恙，頃□☑

……☑　　73EJT37:179A

□幸幸……☑　　73EJT37:179B

【集注】

〔1〕執事：中國簡牘集成編輯委員會（2001G，10頁）：猶從事。稱人有敬意；稱己為自謙。《左傳・僖二十六年》杜預注：「言執事，不敢斥尊。」

王貴元、李雨檬（2019，142頁）：執事，即具體辦事人員，是以手下人代替本人，謙稱。

今按，說是。又《漢書・高帝紀下》：「昧死再拜言，大王陛下。」顏師古注引應劭曰：「陛者，升堂之陛。王者必有執兵陳於階陛之側，群臣與至尊言，不敢指斥，故呼在陛下者而告之，因卑以達尊之意也。若今稱殿下、閣下、侍者、執事，皆此類也。」

□褒叩頭白☑

上子賢坐前：願煩幸為治☑　　73EJT37:181A

時□為今相見不一└二☑　　73EJT37:181B

☑延延水丞就〔1〕迎鐵器大司農府，移肩水金關，遣就人名籍如牒

73EJT37：182A+1532A

☑　候史丹〔2〕發

☑　君前　嗇夫豐〔3〕　　73EJT37：1532B+182B

【校釋】

姚磊（2016D4）綴。

【集注】

〔1〕就：人名，為延水丞。

〔2〕丹：人名，為候史。

〔3〕豐：人名，為嗇夫。

居延司馬所迫校未及坐前，叩頭，謹使吏奉謁　　73EJT37：183+188+1564

【校釋】

簡 73EJT37：183+188 為原整理者綴，雷海龍（2016B）又綴簡 73EJT37：1564，且綴合後釋「校」字。

☑關、居延縣索，出入毋苛留止，敢言之。　□　☑　　73EJT37：191

□□□□□□叩頭白　　73EJT37：195

☑□令史成故自言遣所葆為☑　　73EJT37：197

☑犂金〔1〕凡八枚，輸居延庫，以　　73EJT37：199+205

【校釋】

何有祖（2016C）綴。

【集注】

〔1〕犂金：沈思聰（2019，146 頁）：是加裝在木質耕犁上的部件，應該就是犁頭金，即鐵質犂鏵冠一類的物件。

今按，其說或是。犂即犁，為翻耕田地的農具。《急就篇》：「疆畔畷伯耒犂鋤。」顏師古注：「犂，亦耕具也。犂之言利，則發土而絕草根也。」不過從簡 73EJT30：104 可見「犂冠」來看，「犂金」當非犂鏵，而是安於犂上的其他金屬部件。待考。

元始二年閏月丁卯〔1〕，肩水金關嗇夫□□□□□□□☑　　73EJT37：201

【集注】

〔1〕元始二年閏月丁卯：元始，漢平帝劉衎年號。據徐錫祺（1997，1686 頁），元始二年閏八月，丁卯即公曆公元 2 年 10 月 13 日。

☑鳳四年三月乙卯，槖他候□□☑　　73EJT37：202

【校釋】

該簡年代，許名瑲（2016C）、（2016G）、（2017A，108 頁），黃艷萍（2017，154 頁）認為屬五鳳四年（前 54）。

「乙」字許名瑲（2016C）、（2016G）、（2017A，108 頁）釋「己」，黃艷萍（2017，154 頁）認為原簡書寫有誤。今按，黃說當是。該字圖版作［圖］，從殘餘圖搬來看，似當為「乙」字。

☐朔甲辰，肩水關☐　73EJT37：204

☐甯中孫　73EJT37：206

告歸平陵，名縣爵里年姓如牒，書到出入，如律令

73EJT37：209B+213A+1285+1297

張掖廣地候印　□□發　73EJT37：209A+213B

【校釋】

簡 73EJT37：1285+1297 原整理者綴。姚磊（2016A1）、（2017K，159 頁）綴合簡 73EJT37：209+213 後又綴合以上四簡。又 B 面「印」字原未釋，姚磊綴合後作「卩」。今按，該字圖版作［圖］，右半殘缺，據文義來看，其當為「印」字，據改。

☐……追轂鼓呼言北□出☐　73EJT37：210

☐南□歸更封☐　73EJT37：211

☐□肩水金關□☐　73EJT37：212

□□舍中兒子，起居得毋☐　73EJT37：215A

叩頭叩頭，謹因□□□☐　73EJT37：215B

建平二年五月丙戌朔甲寅〔1〕☐　73EJT37：217

【集注】

〔1〕建平二年五月丙戌朔甲寅：建平，漢哀帝劉欣年號。據徐錫祺（1997，1673 頁），建平二年五月甲寅即公曆公元前 5 年 7 月 3 日。

☐願令史□☐　73EJT37：219

常。制曰：可。孝元皇帝初元四年十一月丙午下。 ☐ 73EJT37：223

【校釋】

「丙午」許名瑲（2016G）認為或為「丙子」之訛。黃艷萍（2017，154 頁）認為初元四年十一月無丙午日。故此紀年簡中的月朔抄寫有誤。今按，諸說是。初元，漢元帝劉奭年號。初元四年為公元前 45 年。

☐候長廣宗〔1〕等送☐ 73EJT37：229

【集注】

〔1〕廣宗：人名，為候長。

☐相史當之居 73EJT37：233

九月丙子，氐池守長、昭武尉異眾〔1〕、丞丹〔2〕移肩水金關、居延縣索，寫移，如律令。／掾登〔3〕、令史光〔4〕。 73EJT37：1518+234

【校釋】

姚磊（2016G1）綴。

【集注】

〔1〕異眾：人名，為氐池縣守長、昭武縣尉。

〔2〕丹：人名，為昭武縣丞。

〔3〕登：人名，為掾。

〔4〕光：人名，為令史。

三月十日開戶☐ 73EJT37：238

☐所葆收責櫜他界中，名縣爵 73EJT37：261+239

【校釋】

顏世鉉（2016A）綴。

☐地界中，盡十二月 73EJT37：249

☐醫診治，敢言之☐ 73EJT37：252

▨黨與〔1〕五萬，吏捕斬強□□▨　73EJT37：257

【集注】

〔1〕黨與：同黨之人。《漢書・武帝紀》：「十一月，淮南王安、衡山王賜謀反，誅。黨與死者數萬人。」

居攝元□▨　73EJT37：258

鴻嘉四年九月甲午朔戊申〔1〕，□▨　73EJT37：259

【集注】

〔1〕鴻嘉四年九月甲午朔戊申：鴻嘉，漢成帝劉驁年號。據徐錫祺（1997，1650頁），鴻嘉四年九月戊申即公曆公元前17年10月28日。

▨□豐寫移，如▨　73EJT37：264

今日休日，井卿夫人來，子方中卿〔1〕為進奉置宣〔2〕其中，幸甚
奏樂卿、文卿□□蚤會宣屬行部還，井　73EJT37：1052A+268A
宣伏地報□
子方中卿足下：謹道即日厚賜，竊日近不辤，幸□買
73EJT37：1052B+268B

【校釋】

姚磊（2016F1）綴，B面第二行「不」原未釋，綴合後釋。又B面第二行未釋字姚磊（2016F1）補釋「還」。今按，補釋或可從，但該字漫漶不清，不能確知，當從整理者釋。

【集注】

〔1〕子方中卿：受信者，子方或為其字。

〔2〕宣：人名，為致信者。

▨□伯坐前：敢言▨　73EJT37：270A
▨□敢言之□▨　73EJT37：270B

五鳳元年十二月乙酉朔丁酉〔1〕，嗇夫光〔2〕敢言之：肩水令史蘇得〔3〕前與妻子居官，今得遷

為廣地候長，謁以籍出，得妻子之官，敢言之。　　73EJT37：1100+271

【校釋】

姚磊（2016D6）綴。

【集注】

〔1〕五鳳元年十二月乙酉朔丁酉：五鳳，漢宣帝劉詢年號。據徐錫祺（1997，1570頁），五鳳元年十二月丁酉即公曆公元前56年1月15日。

〔2〕光：人名，為嗇夫。

〔3〕蘇得：人名，為肩水令史。

五鳳四年八月己亥朔癸丑〔1〕☐
☐如律令。／佐順☐　　73EJT37：272A
印曰酒泉左農☐　　73EJT37：272B

【集注】

〔1〕五鳳四年八月己亥朔癸丑：五鳳，漢宣帝劉詢年號。據徐錫祺（1997，1576頁），五鳳四年八月癸丑即公曆公元前54年9月18日。

元延元年六月丙申朔〔1〕☐
收責橐他，名縣爵里年☐　　73EJT37：273+410

【校釋】

許名瑲（2016A）、（2017A，96頁）綴。

【集注】

〔1〕元延元年六月丙申朔：元延，漢成帝劉驁年號。據徐錫祺（1997，1659頁），元延元年六月丙申朔，為公曆公元前12年7月22日。

元延三年九月甲寅朔〔1〕☐
簿書與府五官掾☐　　73EJT37：276A
居延左尉　☐　　73EJT37：276B

【校釋】

姚磊（2017H9，277頁）、（2018E，21頁）綴合該簡與簡73EJT37：1501。今按，兩簡形制、字體筆迹等較一致，文義亦可連貫，似可綴合，但兩簡茬口處不能密合。

【集注】

〔1〕元延三年九月甲寅朔：元延，漢成帝劉驁年號。據徐錫祺（1997，1664頁），元延三年九月甲寅朔，為公曆公元前10年9月28日。

☐司馬嬴員☐
☐令　☐　　73EJT37：277

徵事，當得以律取傳，謁移過所河津關，毋苛留止，敢言之
☐居延令、丞建〔1〕移過所，如律令。／掾玄〔2〕、守令史定☐☐
73EJT37：284+324+278

【校釋】

姚磊（2019E1）綴。第二行簡首未釋字原作「留」，綴合後釋。

【集注】

〔1〕建：人名，為居延縣丞。

〔2〕玄：人名，為掾。

初元四年十月丙午朔己巳〔1〕，西鄉嗇夫☐
爵不更、年十六歲，毋官獄徵事，當得以令☐☐
十月辛未，居延令賢〔2〕以私印行事庫☐☐　　73EJT37：279A+287A+325A
秦賢私印☐
十二月　庫佐☐之☐☐　　73EJT37：279B+287B+325B

【校釋】

簡73EJT37：279+287姚磊（2016A1）、（2017K，161頁）綴，林宏明（2016F）又綴簡73EJT37：325。A面第三行「賢」原未釋，胡永鵬（2016A，267頁）釋。

又A面第三行「庫」後未釋字胡永鵬（2021，115頁）補釋「嗇」。今按，補釋當是，但該字殘損，不能確知，暫從整理者釋。

【集注】

〔1〕初元四年十月丙午朔己巳：初元，漢元帝劉奭年號。據徐錫祺（1997，1594頁），初元四年十月己巳即公曆公元前45年12月15日。

〔2〕賢：人名，為居延縣令。

☑界候長□司馬☑ 73EJT37：281

【校釋】

姚磊（2016F3）遙綴簡 73EJT37：1526 和該簡。今按，兩簡形制、字體筆迹等較一致，或同屬一簡，但不能直接拼合。

六月乙巳，角得〔1〕長☑
到，如律令。 ☑ 73EJT37：282

【校釋】

姚磊（2017M，188 頁）綴合該簡和簡 73EJT37：819。今按，兩簡似可綴合，但尚有疑問之處。綴合後簡牘完整，釋文作：「六月乙巳，角得長丞彭移肩水金關、居延縣索關過所亭到如律令。」該簡文明顯不能讀通，又姚磊（2017M，188 頁）指出「長」和「丞」之間存在較大空白區，似當還有一字。按照文義來講，其間應當有一字為角得長的名字，但從圖版來看，其間明顯無字。因此兩簡或不能綴合。

【集注】

〔1〕角得：即觻得。

☑子、庫丞常〔1〕移過所縣道津關☑☑
☑舍傳舍，從者如律令。☑ 73EJT37：285

【集注】

〔1〕常：人名，為庫丞。

☑敦黃〔1〕酒泉張掖武□☑ 73EJT37：288

【校釋】

未釋字韓鵬飛（2019，1613 頁）補作「威」。今按，說或是，該字缺損，僅存一點墨迹，當從整理者釋。

【集注】

〔1〕敦黃：「黃」通「煌」，即敦煌。

予父母歸，居延唯廷 ☑ 73EJT37：289

建平二年六月丙辰朔辛未〔1〕，□☐　　73EJT37:290A

張掖□□　☐　　73EJT37:290B

【集注】

〔1〕建平二年六月丙辰朔辛未：建平，漢哀帝劉欣年號。據徐錫祺（1997，1673頁），建平二年六月辛未即公曆公元前5年7月20日。

☐□□嗇夫常☐　　73EJT37:292A

☐令史武〔1〕　☐　　73EJT37:292B

【集注】

〔1〕武：人名，為令史。

☐□牒，書到，出入如律☐　　73EJT37:294A

☐　即日出☐　　73EJT37:294B

【校釋】

B面「出」字姚磊（2016D2）釋「嗇」。今按，釋或可從，但該字下部殘缺，不能確知，暫從整理者釋。

☐從孫長　☐　　73EJT37:295

☐史章〔1〕敢言之：大昌〔2〕里男子……自言

☐□毋官獄徵事，當得取傳。　□葆同縣誼□里男子李□

73EJT37：427+298

【校釋】

姚磊（2017H9，269頁）綴，第一行「言」，第二行「取傳」原未釋，綴合後補釋。

【集注】

〔1〕章：人名。

〔2〕大昌：里名。

建平三年九月戊申朔戊申〔1〕，居延令彊〔2〕、守丞宮〔3〕移過所縣道津關：遣亭長杜武〔4〕收流民　　73EJT37:303

【校釋】

「三年」袁雅潔（2018，36頁）作「元年」。今按，其說或是，但該字左半缺失，不能確知，暫從整理者釋。

【集注】

〔1〕建平三年九月戊申朔戊申：建平，漢哀帝劉欣年號。據徐錫祺（1997，1676頁），建平三年九月戊申即公曆公元前4年10月20日。

〔2〕彊：人名，為居延縣令。

〔3〕宮：人名，為居延守丞。

〔4〕杜武：人名，為亭長。

☐□叩頭，死罪死罪☐　73EJT37：305

☐□至駮南〔1〕亭□☐　73EJT37：310

【集注】

〔1〕駮南：亭名。

☐□朔丁丑……☐　73EJT37：321

☐與勝☐　73EJT37：326

☐……唐里公☐

☐……□驗問□☐　73EJT37：330

☐且以淳□□　73EJT37：331

☐自受　將卒☐　73EJT37：332

☐／掾宗〔1〕、守令史護☐　73EJT37：338

【集注】

〔1〕宗：人名，為掾。

出入關符如牒☐　73EJT37：344

☐□大夫並〔1〕為居延殄北士吏☐　73EJT37：345

【集注】

〔1〕並：人名。

▨官印行候事，謂▨　　73EJT37:346

▨□移卅井▨　　73EJT37:347

【校釋】

姚磊（2016G1）、（2017D8，82 頁）綴合簡 73EJT37：1468 和該簡。今按，兩簡形制、字體筆迹等並不一致，似不能拼合。

▨出入　　73EJT37:349

▨□居延界中。謹案，業印〔1〕等　　73EJT37:354

【集注】

〔1〕業印：人名，為申請傳者。

七月甲申，居延丞忠〔1〕移過所，如律令。令史長〔2〕。　七月戊子入

73EJT37:358+1483

【校釋】

姚磊（2016E3）綴。

【集注】

〔1〕忠：人名，為居延縣丞。

〔2〕長：人名，為令史。

傳▨　　73EJT37:360A

□▨　　73EJT37:360B

▨□□□關□□不敢忽　　73EJT37:363A

▨□□□□□□□□所及　　73EJT37:363B

▨□敢言之，至四年□▨　　73EJT37:364

▨縣邑候國，如律令。□▨　　73EJT37:367

□□□十二月丙午朔丙寅，尉史誠〔1〕敢言之：林育▨

……德……▨　　73EJT37:373A

章曰庫丞印　▨　　73EJT37:373B

【校釋】

該簡年代許名瑲（2016F）、（2016G）、（2017A，100 頁）推擬為成帝元延四年。今按，其說或是。元延，漢成帝劉驁年號。元延四年為公元前 9 年。

【集注】

〔1〕誠：人名，為尉史。

☐□食☐（習字） 73EJT37:374A
☐五☐（習字） 73EJT37:374B
☐□乘常終相，年卌五□☐ 73EJT37:376
☐□欲取傳，為外家傳親利
☐□□□□□□過所□□□□ 73EJT37:377
☐□往卅餘歲，家屬姚☐
☐……☐ 73EJT37:379

並〔1〕自言乘牛車一兩、牛二。謹案，並毋官獄徵事，謁☐
73EJT37：436+380

【校釋】

姚磊（2017H9，270 頁）綴。簡首「並」原未釋，「謹」原作「謁」，綴合後釋。

【集注】

〔1〕並：人名，為申請傳者。

☐生年卌二，為家私使之☐ 73EJT37:381A
☐張□尉□☐ 73EJT37:381B
☐……☐
☐泉水章□☐ 73EJT37:382A
☐丞☐ 73EJT37:382B

☐□□□之觻得，移年長物色□□留止，如律令☐ 73EJT37：386A+395A
☐　十二月戊子□以來　☐ 73EJT37：386B+395B

【校釋】

姚磊（2016D1）綴。

▨居延都尉守卒史定軍▨　　73EJT37：392

▨□□以功次遷▨　　73EJT37：396

▨□年三月庚午朔癸酉，東□▨

▨……▨　　73EJT37：398

【校釋】

該簡年屬許名瑲（2016F）、（2016G）、（2017A，100 頁）推擬為宣帝元康二年（前 64），且認為其次元帝竟寧元年（前 33）可為參考年代。黃艷萍（2017，155 頁）認為「元康二年（前 64）」和「竟寧元年（前 34）」三月朔日均為「庚午」。因簡文殘損，尚不能確定此簡的具體紀年。今按，諸說是。該簡年屬為元康二年或竟寧元年。

▨□私使張掖郡居延界中。謹案，延年〔1〕▨

▨……▨　　73EJT37：400A

▨曰陰丞之印　▨　　73EJT37：400B

【校釋】

B 面「曰陰」原作「甘陵」，黃浩波（2017B）釋。

【集注】

〔1〕延年：人名，為申請傳者。

▨子朔戊寅，東鄉嗇夫宗〔1〕敢言之：富里〔2〕周護〔3〕自言為金城允吾〔4〕左尉樊立〔5〕葆，願▨

與立俱之官。謹案，戶籍護士伍〔6〕、年廿五、毋官獄徵事，當得以令▨

73EJT37：1473+401B+857A

居延丞印　▨　　73EJT37：401A+857B

【校釋】

簡 73EJT37：401+857 謝坤（2016D）、（2018，133 頁）綴，「印」字原簡 73EJT37：857B 作「卿」，綴合後釋。姚磊（2016E4）又綴簡 73EJT37：1473。又姚磊（2018E，83 頁）認為該簡時間為始建國二年九月。今按，其說當是。

【集注】

〔1〕宗：人名，為東鄉嗇夫。

〔2〕富里：里名，屬居延縣。

〔3〕周護：人名，為申請傳者。

〔4〕允吾：漢金城均屬縣，為郡治所在。《漢書・地理志下》：「允吾，烏亭逆水出參街谷，東至枝陽入湟。莽曰修遠。」

〔5〕樊立：人名，為允吾左尉。

〔6〕士伍：羅振玉、王國維（1993，119～120頁）：士伍者，無爵者之稱。漢人有爵者稱爵，如云公乘某，五大夫某。是無爵者稱士伍。如《淮南厲王傳》之「士伍開章」，《丙吉傳》之「士伍尊」。是漢時「五」「伍」通用。莽改漢制，每喜顛倒，反易其名，則「士伍」或稱「五士」矣。

賀昌群（2003A，107頁）：考《史記・淮南厲王傳》，士伍開章等七十八人與棘蒲侯太子奇謀反，如淳曰：律有罪失官爵稱士伍。又，《秦本紀》，昭襄王五十年武安君、白君有罪為士伍，遣陰密，如淳曰：嘗有爵，而以罪奪爵，皆稱士伍。是士伍為有罪而奪其爵之人。《漢書・景帝紀》元年，奪爵為士伍免之，師古曰：謂奪其爵，令為士伍，又免其官職，即令律所謂除名也，謂之士伍者，言從士卒之伍也。

謝桂華（1989，106頁）：所謂「士伍」，屬於原來有爵稱，後因有罪被奪爵，令和士卒為伍，相當於後世的除名。

中國簡牘集成編輯委員會（2001F，117頁）：又作士伍。漢代大男無爵為士伍，有爵之人免爵後亦為士伍。

中國簡牘集成編輯委員會（2001G，208 頁）：秦漢時稱無爵者為士伍。《史記・秦本紀》：「武安君白起有罪。為士伍，遣陰密。」如淳曰：「嘗有爵而以罪奪爵，皆稱士伍。」

今按，諸說是。士伍為對無爵之人的稱呼，有爵之人犯罪被奪爵則成為士伍。又如《漢書・丙吉傳》：「元帝時，長安士伍尊上書。」顏師古注：「先嘗有爵，經奪免之，而與士卒為伍，故稱士伍。其人名尊。」

▨掾豐〔1〕、令史譚〔2〕。 **73EJT37：404**

【集注】

〔1〕豐：人名，為掾。

〔2〕譚：人名，為令史。

七月壬子，居延令勝之〔1〕、丞延年〔2〕移肩水金關，出，來復傳入，如律令☐

73EJT37：1478+406

【校釋】

姚磊（2016C1）綴。

【集注】

〔1〕勝之：人名，為居延縣令。

〔2〕延年：人名，為居延縣丞。

☐死，叩頭，死罪死罪☐ 73EJT37：407

☐吏有牛馬者　☐（觚） 73EJT37：412

☐關　豐☐ 73EJT37：415

☐……☐

☐移過所郡縣門亭，毋留止，如律☐ 73EJT37：420

☐可以為中初元不知，願☐ 73EJT37：421

【校釋】

姚磊（2016C4）綴合簡 73EJT37：1487 簡和該。今按，兩簡字體筆迹似有不同，茬口處不能密合，綴合後文義亦不連貫，或不能綴合。

廣地守候、番和〔1〕尉常〔2〕移金關：遣□北□☐ 73EJT37：422

【校釋】

姚磊（2017M，186 頁）綴合簡 73EJT37：148 和該簡。今按，兩簡茬口並不十分密合，字體筆迹亦有一定差距。簡 73EJT37：148 筆畫細而流暢，且字間距較大，而該簡字體拙樸且字間距較小，因此兩簡或不能綴合。

【集注】

〔1〕番和：漢張掖郡屬縣，為張掖農都尉治所所在。《漢書・地理志下》：「番和，農都尉治。莽曰羅虜。」

〔2〕常：人名，為廣地守候、番和縣尉。

☐所占用馬一匹、軺車一乘☐ 73EJT37：423

☑□年秋八月旦更封，敢言之：八月辛卯，茂陵令、守左尉循〔1〕行丞事，移居延移☑　　73EJT37：897+425

【校釋】

伊強（2016C）綴。

【集注】

〔1〕循：人名，為茂陵縣令、守左尉。

張忠〔1〕送死罪囚□□□□□□☑　　73EJT37：428

【集注】

〔1〕張忠：人名。

永始三年三月己酉朔〔1〕☑　　73EJT37：429

【集注】

〔1〕永始三年三月己酉朔：永始，漢成帝劉驁年號。據徐錫祺（1997，1655頁），永始三年三月己酉朔，為公曆公元前14年4月17日。

願卿幸哀☑　　73EJT37：430

☑自言章容……☑　　73EJT37：432

☑□□戍田張掖郡□　　73EJT37：434

【校釋】

「戍」原未釋，姚磊（2016D2）釋。

☑丙戌，西鄉有秩□敢□☑　　73EJT37：437

【校釋】

「敢」原未釋，姚磊（2016A3）釋。

☑隧長杜鳳〔1〕敢言之：負累☑　　73EJT37：438

【集注】

〔1〕杜鳳：人名，為隧長。

⧄□□□　73EJT37:441A

⧄　□□　73EJT37:441B

願以令取傳。謹案，客子戶籍臧鄉者⧄

□□⧄　73EJT37:442A

……⧄　73EJT37:442B

⧄□鄭護永始三年正月山□□⧄　73EJT37:443

□□亭長□□□⧄　73EJT37:444

⧄年三月丁亥朔丙申⧄

⧄□□□如牒，書⧄　73EJT37:445A

⧄……尉　⧄

⧄來　⧄　73EJT37:445B

【校釋】

該簡年代許名瑲（2016F）、（2016G）、（2017A，101 頁），胡永鵬（2016A，369 頁），黃艷萍（2017，155 頁）推定為建平二年（前 5）。今按，諸說是。建平，漢哀帝劉欣年號。據徐錫祺（1997，1673 頁），建平二年三月丙申即公曆公元前 5 年 4 月 16 日。

元延三年八月甲申朔庚戌〔1〕，都鄉有秩□、佐武〔2〕敢言之：男子⧄

73EJT37:446

【校釋】

未釋字秦鳳鶴（2018B，530 頁）認為當釋「侑」，用作「宥」，意即「寬恕」。今按，該字圖版作形，顯非「侑」，其在簡文中為都鄉有秩的名字，當存疑。

【集注】

〔1〕元延三年八月甲申朔庚戌：元延，漢成帝劉驁年號。據徐錫祺（1997，1664 頁），元延三年八月庚戌即公曆公元前 10 年 9 月 24 日。

〔2〕武：人名，為都鄉佐。

⧄年三月甲子，居延都尉湯〔1〕、丞嘉〔2〕謂⧄

⧄……　⧄　73EJT37:447

【校釋】

姚磊（2016F3）、（2018E，29頁）遙綴該簡和簡73EJT37：1176。今按，兩簡形制、字體筆迹一致，內容相關，或屬同一簡，但不能直接拼合。

【集注】

〔1〕湯：人名，為居延都尉。

〔2〕嘉：人名，為丞。

□守丞宮〔2〕移過所縣▨

▨亭長范勳〔1〕逐殺　□中，當舍傳舍，從者▨

／兼掾豐〔3〕、令史譚〔4〕、佐業▨　73EJT37：450

【集注】

〔1〕范勳：人名，為亭長。

〔2〕宮：人名，為守丞。

〔3〕豐：人名，為兼掾。

〔4〕譚：人名，為令史。

▨□安守長、丞忠〔1〕移過所肩水金關、居延縣索關：冥安▨　73EJT37：451

【校釋】

「冥」字何有祖（2016D）釋「寘」。今按，該字作形，從字形來看，當為「寘」或「冥」字。該簡句意不明，或當存疑待釋。

【集注】

〔1〕忠：人名，為丞。

建平元年十一月壬子〔1〕，居延守令、城騎千人□▨

……▨　73EJT37：453A

……▨　73EJT37：453B

【集注】

〔1〕建平元年十一月壬子：建平，漢哀帝劉欣年號。據徐錫祺（1997，1672頁），建平元年十一月壬子即公曆公元前5年1月3日。

▨鄉有秩順〔1〕敢告尉史：廣德〔2〕里左□▨
▨……▨　73EJT37：457

【集注】

〔1〕順：人名，為鄉有秩。

〔2〕廣德：里名。

候長程忠〔1〕　遣弟觻得步利〔2〕里程普〔3〕，年□▨　73EJT37：459+1174

【校釋】

姚磊（2016E4）遙綴。

【集注】

〔1〕程忠：人名，為候長。

〔2〕步利：里名，屬觻得縣。

〔3〕程普：人名，為程忠弟。

▨……三□□□▨　73EJT37：461

▨廣地候況〔1〕移▨　73EJT37：464A
▨□下　令史▨　73EJT37：464B

【校釋】

B面「□下」原未釋，韓鵬飛（2019，1621頁）作「已入」。今按，據字形和文義來看，當為「門下」兩字，其在漢簡中常被誤釋作「已入」。該簡中「下」字可辨，「門」字大部分缺損，因此可作釋「□下」。

【集注】

〔1〕況：人名，為廣地候。

茂陵敬老〔1〕里王臨〔2〕，字游君　乘方相車，駕騩牝馬，齒▨
73EJT37：468A+925

之　▨
丞印　▨　73EJT37：468B

【校釋】

姚磊（2020B，117 頁）綴。「犕」原作「牝」，韓鵬飛（2019，1647 頁）認為應隸定作「犕」。今按，其說是，據字形則當作「犕」。

【集注】

〔1〕敬老：里名，屬茂陵縣。

〔2〕王臨：人名。

王□報□卿……▨ 73EJT37：473A+507

□之□=□=□……▨ 73EJT37:473B

【校釋】

姚磊（2016F4）、（2017D8，75 頁）綴。

▨□□□□□卒□□▨ 73EJT37:474

▨□出入，如律令▨ 73EJT37:475

▨褒、守令史充〔1〕。 ▨ 73EJT37:477

【集注】

〔1〕充：人名，為守令史。

▨庚寅朔己亥，張掖居延▨

▨□舍，從者如律令▨ 73EJT37:480A

▨都尉 ▨ 73EJT37:480B

【校釋】

姚磊（2017M，190 頁）綴合該簡和簡 73EJT37：894。今按，兩簡似可綴合，但茬口處不能十分密合。

該簡年代許名瑲（2016G）推擬為建平元年九月。今按，說或是。該簡紀年、月序均殘缺，較難判定其年屬。

▨□叩頭

▨□馬當立 73EJT37:483A

▨=頭=馬小

▨□金關　　73EJT37：483B

屬南郡故順陽　▨　　73EJT37：486

▨之，謁移□□□　　73EJT37：487

▨苛留止，如律令□▨　　73EJT37：493

建平元年九月庚寅朔丁未〔1〕，居延都尉雲〔2〕、城騎千人……▨

遣五官掾石博〔3〕對會大守府，當舍傳舍，從者如律令。　▨

73EJT37：615+494

【校釋】

姚磊（2016B8）綴。

【集注】

〔1〕建平元年九月庚寅朔丁未：建平，漢哀帝劉欣年號。據徐錫祺（1997，1672頁），建平元年九月丁未即公曆公元前6年10月30日。

〔2〕雲：人名，為居延都尉。

〔3〕石博：人名，為五官掾。

綏和二年四月己亥□□□□年　　73EJT37：495A+823A

□以□……　　73EJT37：495B+823B

【校釋】

許名瑲（2016A）、（2017A，97頁）綴。

罰如律，移四時舉▨　　73EJT37：497

元延三年八月甲申朔壬▨　　73EJT37：500

▨□主簿〔1〕樂君▨　　73EJT37：501A

▨死罪罪忽▨　　73EJT37：501B

【集注】

〔1〕主簿：主管文書簿籍之官，漢中央及郡縣官署多置之。《後漢書·百官志四》：「主簿錄閣下事，省文書。」

⧄□□□子朔乙酉□⧄
⧄居延□……⧄　　73EJT37：505

【校釋】

「延」下一字姚磊（2016D2）補「謹」。今按，補釋或可從，但該字僅存右半，不能確知，當從整理者釋。

⧄□五日中　⧄　　73EJT37：506
⧄居延都尉⧄　　73EJT37：511A
⧄尉丞死罪死罪⧄　　73EJT37：511B
⧄□自取⧄　　73EJT37：512①
⧄朔甲⧄　　73EJT37：512②

居延延延都尉邑⧄　　73EJT37：515A+516A
□□叩頭死罪罪，九月丙午⧄　　73EJT37：515B+516B

【校釋】

顏世鉉（2016A）綴。A 面「邑」字原未釋，姚磊（2016D2）認為是「邑」字草書。今按，其說是，該字圖版作形，為漢簡「邑」字常見寫法，據補。

⧄　葆觻□⧄
⧄　立妻大⧄　　73EJT37：517
⧄□盡⧄　　73EJT37：518

地節三年六月丙戌朔甲辰〔1〕，尉史延年〔2〕敢言之：遣佐廣〔3〕齊〔4〕三老賜名籍對大守府會，軺車一乘、牛一，與從者平里〔5〕紀市〔6〕俱，謁移過所縣道河津關，毋苛留止，敢言之。
六月甲辰，居延丞延年〔7〕移過所縣道河津關，毋苛留止，如律令。／掾延年〔8〕、佐長世〔9〕。　　73EJT37：519A
章曰居延丞印
六月壬子以來　　73EJT37：519B

【校釋】

A 面第一行「齊」原作「齋」，黃浩波（2017B）、（2019，203 頁）釋。第二行「會」字黃悅（2017）釋「乘」，姚磊（2017D6）從整理者釋「會」，認為原文應是

「對會大守府」，書手寫作過程中遺漏了「會」字。今按，該字圖版作，和其下「軺車一乘」的「乘」字明顯不同，當為「會」字無疑，「對太守府會」即「對會太守府」。

【集注】

〔1〕地節三年六月丙戌朔甲辰：地節，漢宣帝劉詢年號。據徐錫祺（1997，1549頁），地節三年六月甲辰即公曆公元前67年7月19日。

〔2〕延年：人名，為尉史。

〔3〕廣：人名，為佐。

〔4〕齊：黃浩波（2017B）：讀為「齎」，訓為持。今按，說是。參簡73EJT7：3「齎」集注。

〔5〕平里：里名，屬居延縣。

〔6〕紀市：人名，為從者。

〔7〕延年：人名，為居延縣丞。

〔8〕延年：人名，為掾。

〔9〕長世：人名，為佐。

神爵四年正月丙寅朔辛巳〔1〕，居延丞奉光〔2〕移肩水金關：都尉府移肩水候書曰：大守府調徒復作〔3〕四人送往來過客，今居延調鬼新徒〔4〕孫

73EJT37：520A

居延丞印

正月壬辰董敞〔5〕以來　　73EJT37：520B

【集注】

〔1〕神爵四年正月丙寅朔辛巳：神爵，漢宣帝劉詢年號。據徐錫祺（1997，1567頁），神爵四年正月辛巳即公曆公元前58年3月11日。

〔2〕奉光：人名，為居延縣丞。

〔3〕徒復作：任仲爀（2011，287頁）：徒復作是一個熟語，不同於正規刑罰，是另一種罪囚。總而言之，「免徒復作另居之」是指「免」以前先獲赦令的徒復作（除其罪）而從事勞役（居之）。從中可以看出，徒復作不是完全自由的身份，稱謂方面存在「徒復作」和「復作」混用的現象。

今按，「徒復作」即刑徒復作，參簡73EJT22：137「復作」集注。

〔4〕鬼新徒：徐世虹（1999，88頁）：鬼薪亦為秦漢勞役刑名之一。按東漢律學家應劭的解釋，強迫男犯為宗廟祭祀打柴為鬼薪……又據出土文獻記載，鬼薪所從事的不只是取薪勞役。如出土秦銅戈上有「工鬼薪」銘文，表明鬼薪有時從事鑄造兵器；洛陽刑徒磚所見鬼薪，表明其役作於土木工程；以簡（18）（即居延漢簡37·1，引者）所見，則表明鬼薪又屯戍於邊境。

中國簡牘集成編輯委員會（2001C，97頁）：鬼，通蒐。蒐薪，本義是取材，供祭祀用。鬼新，或作蒐薪，刑徒名，三歲刑。

今按，說或是。「鬼新」即「鬼薪」，為秦漢時一種徒刑名，或說刑期三年。《史記·秦始皇本紀》：「及其舍人，輕者為鬼薪。」裴駰《集解》引應劭曰：「取薪給宗廟為鬼薪也。」引如淳曰：「《律說》鬼薪作三歲。」張守節《正義》：「言毒舍人罪重者已刑戮，輕者罰徒役三歲。」

〔5〕董敞：人名。

五鳳元年六月戊子朔己亥〔1〕，西鄉嗇夫樂〔2〕敢言之：大昌〔3〕里趙延〔4〕自言為家私使居延，與妻平〔5〕、子小男偃登〔6〕、大奴同〔7〕、婢瓅綠〔8〕。謹案，延、
平、偃登，便同、綠毋官獄徵事，當得取傳，乘家所占用馬五匹、軺車四乘，謁移過所肩水金關、居延，敢言之。
六月己亥，屋蘭〔9〕守丞聖光〔10〕移過所肩水金關居延，毋苛留，如律令。／掾賢〔11〕、守令史友〔12〕。 73EJT37：521

【集注】

〔1〕五鳳元年六月戊子朔己亥：五鳳，漢宣帝劉詢年號。據徐錫祺（1997，1569頁），五鳳元年六月己亥即公曆公元前57年7月21日。

〔2〕樂：人名，為西鄉嗇夫。

〔3〕大昌：里名，屬屋蘭縣。

〔4〕趙延：人名，為申請傳者。

〔5〕平：人名，為趙延妻。

〔6〕偃登：人名，為趙延子。

〔7〕同：人名，為奴。

〔8〕瓅綠：人名，為婢。

〔9〕屋蘭：漢張掖郡屬縣。《漢書·地理志下》：「屋蘭，莽曰傳武。」

〔10〕聖光：人名，為屋蘭守丞。

〔11〕賢：人名，為掾。

〔12〕友：人名，為守令史。

居延都尉卒史居延平里〔1〕徐通〔2〕大奴宜〔3〕，長七尺、黑色、髡頭〔4〕。　十一月丙辰出。
五鳳元年十月丙戌朔辛亥〔5〕，居延守丞安世〔6〕別上計移肩水金關：居延都尉卒史居延平里徐通
自言繇之隴西，還買觻得敬老〔7〕里丁韋君〔8〕大奴宜，今疏書宜年長物色，書到，出如律
令。　73EJT37:522A
印曰居延丞印
十一月丙辰，佐其〔9〕以來　73EJT37:522B

【集注】

〔1〕平里：里名，屬居延縣。

〔2〕徐通：人名，為居延都尉卒史。

〔3〕宜：人名，為大奴。

〔4〕髡頭：剃去頭髮。《後漢書·鄭弘傳》：「諸生故人懼相連及，皆改變名姓，以逃其禍，弘獨髡頭負鈇鑕，詣闕上奏，為貺訟罪。」

〔5〕五鳳元年十月丙戌朔辛亥：五鳳，漢宣帝劉詢年號。據徐錫祺（1997，1570頁），五鳳元年十月辛亥即公曆公元前 56 年 11 月 30 日。

〔6〕安世：人名，為居延縣守丞。

〔7〕敬老：里名，屬觻得縣。

〔8〕丁韋君：人名。

〔9〕其：人名，為佐。

五鳳二年二月甲申朔壬戌，駿鄉嗇夫順〔1〕敢言之：道德〔2〕里周欣〔3〕自言客田張掖
郡觻得縣，北屬都亭部〔4〕，元年賦筭皆給，謁移觻得，至八月□檢。
二月辛亥，茂陵令　守左尉親〔5〕行丞事。／掾充〔6〕。　73EJT37:523A
茂陵左尉　73EJT37:523B

【校釋】

A 面第一行「駿」原作「騣」，黃浩波（2016C）釋。「壬戌」許名瑲（2016C）、（2016G）、（2017A，109 頁）認為或為「壬辰」之誤。胡永鵬（2016A，219 頁）亦認為日干支書誤。今按，諸說是。該簡簡文清晰無誤，當為原簡書寫時致誤。

【集注】

〔1〕順：人名，為駿鄉嗇夫。

〔2〕道德：里名，屬茂陵縣。

〔3〕周欣：人名，為申請傳者。

〔4〕都亭部：勞榦（1960，18 頁）：都亭者，縣治所在之亭……此簡言：「自言與家買客田，居作都亭部。」是田在都亭，不應在城內，當以附郭之說為近。蓋凡縣城城內及郭皆當以都亭稱之，原不必泥於城垣內外也。居延本牧地，及開屯墾，設縣邑，其田遂亦歸私有，可買賣，儼然內地矣。

徐樂堯（1984，327 頁）：都亭乃漢代城廓附近為官吏及往返使者備宿之亭舍。居延邊塞也有都亭，設置於居延縣城附近……簡文稱「與家買客田居延都亭部」，是田在都亭，不應在城內。可見城廓內外附近均可稱都亭，不一定局限於縣城城內之地。

富谷至（2013，196 頁）：縣城、郡城被稱為「都」，據此可以推測，附設於縣城、郡城的亭就是「都亭」。

今按，諸說多是。都亭無疑為縣治所在之亭。從漢簡來看，客田均位於各縣都亭部，則其當位於縣城之外。

〔5〕守左尉親：孫家洲（2018，40 頁）：「茂陵左尉」與「守左尉」數次出現，自然令人聯想到「茂陵右尉」的相應存在。從上引《漢書・地理志》的戶數可知，茂陵邑的規模只相當於「小縣」的建制，卻有「左尉」與「右尉」的並設，這是否意味著：因為是漢武帝陵墓所在，導致朝廷對茂陵邑「武備」「武事」的重視超過了一般縣邑之上，因此在官員設置上以「左右尉並立」的方式加以體現？

今按，其說當是。親，人名，為茂陵縣守左尉。

〔6〕充：人名，為掾。

五鳳三年十月甲辰朔癸酉〔1〕，西鄉嗇夫安世〔2〕敢言之：隴西西始昌〔3〕里知實自言以令占田居延，以令予傳，與大奴謹〔4〕、從者平里〔5〕季奉〔6〕

家市田器張掖、武威、金城、天水界中。車一乘、馬二匹，謁移過所河津關，毋苛留止，如律令，
敢言之。
十月癸酉，居延令弘〔7〕、守丞安世〔8〕移過所，如律令。　／掾忠〔9〕、佐定〔10〕。　73EJT37：524

【校釋】

第二行「實」字作形，從字形來看，當非「實」。該字漢簡中屢見，基本用作人名，有過多種釋法，如「賓」「實」「賽」「寶」等。由於其一般作人名用，且漢簡中人名用字常見有寫法獨特者，因此尚難以斷定此字究竟為何字。就字形看，其更近於「賽」字。存疑待考。

【集注】

〔1〕五鳳三年十月甲辰朔癸酉：五鳳，漢宣帝劉詢年號。據徐錫祺（1997，1574頁），五鳳三年十月癸酉即公曆公元前55年12月12日。
〔2〕安世：人名，為西鄉嗇夫。
〔3〕始昌：里名，屬西縣。
〔4〕謹：人名，為大奴。
〔5〕平里：里名，屬西縣。
〔6〕季奉：人名，為從者。
〔7〕弘：人名，為居延縣令。
〔8〕安世：人名，為居延縣守丞。
〔9〕忠：人名，為掾。
〔10〕定：人名，為佐。

永光三年十一月壬午朔丁未〔1〕，酒泉北部千人禹〔2〕移過所河津關：遣葆平陵宜利〔3〕里韓則〔4〕、年卅五，杜陵華陽〔5〕里
公乘呂義〔6〕、年廿九，乘軺車一乘、牡馬一匹，之居延收責，毋苛留，如律令。　73EJT37：525

【校釋】

第三行「車」原缺釋，青木俊介（2019，55頁）補。

【集注】

〔1〕永光三年十一月壬午朔丁未：永光，漢元帝劉奭年號。據徐錫祺（1997，1602 頁），永光三年十一月丁未即公曆公元前 40 年 1 月 1 日。

〔2〕禹：人名，為酒泉北部千人。

〔3〕宜利：里名，屬平陵縣。

〔4〕韓則：人名。

〔5〕華陽：里名，屬杜陵縣。

〔6〕呂義：人名。

永光四年六月己酉朔癸丑〔1〕，倉嗇夫勃〔2〕敢言之：徒故穎川郡陽翟〔3〕宜昌〔4〕里陳犬〔5〕，永光三年十二月中坐傷人，論鬼新。會
二月乙丑赦令，免罪復作，以詔書贖，免為庶人，歸故縣，謁移過所河津關，毋苛留止，縣次續食 73EJT37：526

【集注】

〔1〕永光四年六月己酉朔癸丑：永光，漢元帝劉奭年號。據徐錫祺（1997，1603 頁），永光四年六月癸丑即公曆公元前 40 年 7 月 6 日。

〔2〕勃：人名，為倉嗇夫。

〔3〕陽翟：漢潁川郡屬縣，為郡治所在。《漢書・地理志上》：「陽翟，夏禹國。周末，韓景侯自新鄭徙此。」

〔4〕宜昌：里名。

〔5〕陳犬：人名，為申請傳者。

河平四年七月辛亥朔庚午〔1〕，西鄉有秩嗇夫誼〔2〕、守斗食佐輔〔3〕敢言之：中安男子楊譚〔4〕自言欲取偃
檢，與家屬俱客田居延界中。謹案，譚等年如牒，皆非亡人命者，當得取偃檢，父老孫都〔5〕證。謁移居延，如律令，

敢言之。七月癸酉，長安令、右丞萬〔6〕移居延，如律令。 ／掾殷〔7〕、令史賞〔8〕。 73EJT37：527

【校釋】

A 面第二行「中安」姚磊（2016C7）認為實為「長安」，原簡書寫誤。今按，其說是，當為原簡書誤。

【集注】

〔1〕河平四年七月辛亥朔庚午：河平，漢成帝劉驁年號。據徐錫祺（1997，1634頁），河平四年七月庚午即公曆公元前25年9月2日。

〔2〕誼：人名，為西鄉有秩嗇夫。

〔3〕輔：人名，為西鄉守斗食佐。

〔4〕楊譚：姚磊（2016C7）：73EJT37：147+417+974+1252號簡有「囂陵里男子楊譚」，其中的「囂陵里」屬於「長安」。由此，73EJT37：527號簡的「楊譚」便是「長安囂陵里男子楊譚」，與73EJT37：147+417+974+1252號簡的「楊譚」是同一人。

今按，其說當是。該簡楊譚為申請傳的人。

〔5〕孫都：人名，為里父老。

〔6〕萬：人名，為長安右丞。

〔7〕殷：人名，為掾。

〔8〕賞：人名，為令史。

元延元年九月乙丑朔丙戌〔1〕，肩水千人宗〔2〕移過所：遣從史趙放〔3〕為私市居延，
當舍傳舍，從者如律令。 73EJT37：528

【集注】

〔1〕元延元年九月乙丑朔丙戌：元延，漢成帝劉驁年號。據徐錫祺（1997，1660），元延元年九月丙戌即公曆公元前12年11月9日。

〔2〕宗：人名，為肩水千人。

〔3〕趙放：人名，為從史。

元延二年四月壬辰朔丙辰〔1〕，守令史長〔2〕敢言之：表是〔3〕安樂〔4〕里男子左鳳〔5〕自言鳳為卅井塞尉，犯法
論，事已，願以令取致，歸故縣，名籍如牒，謁移卅井縣索、肩水金關，出入如律令，敢言之。 73EJT37：529

【集注】

〔1〕元延二年四月壬辰朔丙辰：元延，漢成帝劉驁年號。據徐錫祺（1997，1661頁），元延二年四月丙辰即公曆公元前11年6月7日。

〔2〕長：人名，為守令史。

〔3〕表是：漢酒泉郡屬縣。《漢書・地理志下》：「表是，莽曰載武。」

〔4〕安樂：里名，屬表是縣。

〔5〕左鳳：人名，為申請傳者。

建平四年正月丁未朔庚申〔1〕，西鄉守嗇夫武〔2〕以私印行事，敢言之：昭武男子孫憲〔3〕詣鄉，自言願以律取致籍，歸故縣。謹案，
憲毋官獄徵事，當得以律取致籍，名縣如牒，唯廷謁移卅井縣索、肩水金關，出入如律令，敢言之。三月辛酉，北〔4〕，嗇夫豐〔5〕出。　　73EJT37：530

【集注】

〔1〕建平四年正月丁未朔庚申：建平，漢哀帝劉欣年號。據徐錫祺（1997，1677頁），建平四年正月庚申即公曆公元前3年3月1日。

〔2〕武：人名，為西鄉守嗇夫。

〔3〕孫憲：人名，為申請傳者。

〔4〕北：李均明（1982A，194頁）：簡例中「南、北」不能與「嗇夫」連讀，它不是如同「關」嗇夫或「鄉」嗇夫這樣的稱號，而只是指出入關方向。

今按，說是。北即向北方。

〔5〕豐：人名，為關嗇夫。

六月乙亥，居延令憲〔1〕、守令史承祿〔2〕行丞事，敢言之
函谷關：謹寫移，敢言之。／佐安世〔3〕。　　73EJT37：531

【集注】

〔1〕憲：人名，為居延縣令。

〔2〕承祿：人名，為居延縣守令史。《急就篇》可見人名「烏承祿」，顏師古注：「承，受之也。」

〔3〕安世：人名，為佐。

☐元年三月癸巳朔乙巳，安定左騎千人況〔1〕以近秩次〔2〕行大守□☐
73EJT37：533A+1579

☐□□□　☐　　73EJT37：533B

【校釋】

姚磊（2016F4）、（2017D8，77 頁）綴。該簡年代許名瑲（2016F）、（2016G）、（2017A，101 頁），黃艷萍（2017，155 頁）認為屬哀帝建平元年（前 6）。今按，諸說是。建平，漢哀帝劉欣年號。據徐錫祺（1997，1671 頁），建平元年三月乙巳即公曆公元前 6 年 5 月 1 日。

【集注】

〔1〕況：人名，為左騎千人。

〔2〕近秩次：中國簡牘集成編輯委員會（2001G，22 頁）：秩次，謂秩祿等級。漢時官吏升遷替代，以功勞多少次第升敘曰功次；以級別高低次序升敘曰秩次；以所任就近而升遷曰近次。

今按，說是。秩次即官秩高低的次第，近秩次為近次和秩次的合稱。

破□□羌羌對以肩

正月乙未，破羌將軍張掖大守千人武彊〔1〕兼行丞事☐

73EJT37：805A+535B+73EJF3：599B

肩水候茂陵息眾〔2〕里五大夫□□□未得神爵三年四月盡六月奉用錢萬八千□☐

☐　正月　已得賦錢萬八千☐　73EJT37：805B+535A+73EJF3：599A

【校釋】

簡 73EJT37：805+535 姚磊（2017H9，274 頁）綴，姚磊（2018B2）又綴簡 73EJF3：599。73EJT37：805 簡 A 面「破□□」原作「破」，且位於「正月」之間作「正破月」，姚磊（2016A3）、（2017K，165 頁）釋。B 面「正月」原未釋，姚磊（2016F6）補釋。

【集注】

〔1〕武彊：人名。

〔2〕息眾：里名，屬茂陵縣。

☐葆俱之角得，對大司空史，願以律取傳，謹案　73EJT37：537+948

【校釋】

姚磊（2016E5）綴。

☐□金關文書方逐案劾☐　73EJT37：540

建平二年正月戊子朔乙未，橐他候普〔1〕移肩水金關：吏自言為家私☐
73EJT37：616A+542A

正月丙申以來　門下　佐□　☐　73EJT37：616B+542B

【校釋】

姚磊（2019E2）綴。A面「正」原作「五」，許名瑲（2016C）、（2016G）、（2017A，110頁），郭偉濤（2017C）、（2019，116頁）釋。黃艷萍（2017，155頁）指出此簡紀年的月朔、日干支均有誤。今按，該簡釋文有誤，以致月朔、日干支不合。

B面「門下」二字原作「已入」，郭偉濤（2017C）、（2019，116頁）釋。

【集注】

〔1〕普：人名，為橐他候。

☐到，如律令　73EJT37：549

☐□之，敢言之☐
☐……☐　73EJT37：555A

☐易易易易□☐　73EJT37：555B

☐□高勤上□□□☐　73EJT37：556A

☐里□□再□□☐　73EJT37：556B

☐□為部稟□☐　73EJT37：558

建平元年八月□☐　73EJT37：561

病卒橐他、廣地界中，名☐　73EJT37：566A

肩倉　☐　73EJT37：566B

☐□□傳。謹案，戶籍
☐河津關，毋苛留止
☐□竟兼行丞事　73EJT37：573

□□□☐
□□如牒，書☐　73EJT37：574A

張掖觻得□☐
□□☐　73EJT37：574B

三月甲寅，觻得長福〔1〕、獄丞護〔2〕兼行丞事，謁移，如律令。　〼

73EJT37：575A

觻得獄丞　〼　73EJT37：575B

【集注】

〔1〕福：人名，為觻得縣長。

〔2〕護：人名，為觻得獄丞。

〼□始三年七月……〼　73EJT37：576

〼……移肩水金關

〼如律令　73EJT37：577

遷補千〼　73EJT37：578

〼建平三年正月甲午〔1〕，以久次〔2〕除補肩水　73EJT37：579

【集注】

〔1〕建平三年正月甲午：建平，漢哀帝劉欣年號。據徐錫祺（1997，1675頁），建平三年正月甲午即公曆公元前4年2月8日。

〔2〕久次：于豪亮（1964，157頁）：依時間的長短先後的次序的意思。

中國簡牘集成編輯委員會（2001I，251頁）：官吏除補術語。有以久次遷、功次遷、秩次遷等。久次遷者，以居官時間長短之次序定升遷。

今按，諸說多是。久次謂居官時間久長的次第。《後漢書・黃琬傳》：「舊制，光祿舉三署郎，以高功久次才德尤異者為茂才四行。」李賢注：「久次謂久居官次也。」

初元三年十月壬午朔乙巳〔1〕，都鄉嗇夫□□□□〼

……〼　73EJT37：581

【校釋】

姚磊（2017E1）遙綴該簡和簡73EJT37：1261。今按，兩簡可綴合，但均殘斷嚴重，無法直接拼合。

【集注】

〔1〕初元三年十月壬午朔乙巳：初元，漢元帝劉奭年號。據徐錫祺（1997，1591頁），初元三年十月乙巳即公曆公元前46年11月27日。

〼□謹因〼 73EJT37：583A
〼□叩頭叩頭〼 73EJT37：583B
〼□六人庸〼
〼人身　〼 73EJT37：584

建平元十二月己未〔1〕〼
逢皆毋官獄徵〼 73EJT37：585A
……〼 73EJT37：585B

【集注】

〔1〕建平元十二月己未：當為建平元年，原簡脫「年」字。建平，漢哀帝劉欣年號。據徐錫祺（1997，1672 頁），建平元年十二月己未朔，為公曆公元前 5 年 1 月 10 日。

祿福倉丞〼
□水關〼 73EJT37：587A
葆俱名　□〼 73EJT37：587B
元延三年五月丙〼 73EJT37：588
……〼 73EJT37：589A
□　〼 73EJT37：589B

〼□　／兼掾長〔1〕、守令史豐〔2〕〼 73EJT37：590

【集注】

〔1〕長：人名，為兼掾。
〔2〕豐：人名，為守令史。

建平三年四月辛巳朔丁未〔1〕，肩水騂北守亭長誼〔2〕以私印行候事〼
……□□□□□縣爵里年姓，各如牒，書到，入如律令〼
73EJT37：591+795

【校釋】

許名瑲（2016A）、（2017A，97 頁）綴。

【集注】

〔1〕建平三年四月辛巳朔丁未：建平，漢哀帝劉欣年號。據徐錫祺（1997，1675頁），建平三年四月丁未即公曆公元前4年5月21日。

〔2〕誼：人名，為騂北亭長。

☐侯國門亭河津，毋苛留，如律令，敢言之。
☐令　　73EJT37：592

【校釋】

姚磊（2016E5）綴合簡73EJT37：863和該簡。今按，兩簡茬口處似不能密合，或不當綴合。

元延元年四月丁酉朔〔1〕☐　　73EJT37：594

【集注】

〔1〕元延元年四月丁酉朔：元延，漢成帝劉驁年號。據徐錫祺（1997，1659頁），元延元年四月丁酉朔，為公曆公元前12年5月24日。

☐□居延，願以令取☐　　73EJT37：596

建伏地再拜請☐
張寅孝夫〔1〕足下：善毋□☐
死甚傷癒，建〔1〕宜以時至前，不肖□□不在死罪……☐
……過所□及幸甚幸甚☐　　73EJT37：597+654A+734A
……伏地再拜☐
張寅孝夫足下□・建因報張寅建部卿卿欲為王張寅祭張寅將母欲為☐
魏掾☐　　73EJT37：654B+734B

【校釋】

簡73EJT37：654+734原整理者綴，姚磊（2019E4）又綴簡73EJT37：597。

【集注】

〔1〕張寅孝夫：受信者，或姓張名寅字孝夫。

〔1〕建：人名，為致信者。

發謹□〼　73EJT37：598A

□　華□〼　73EJT37：598B

【校釋】

A面未釋字姚磊（2016D2）補「請」。今按，補釋或可從，但該簡右半缺失，不能確知，當從整理者釋。

〼　字□〼　73EJT37：599

〼□□　〼　73EJT37：600

□□□〼

如律令〼　73EJT37：601

〼□甲寅朔甲子，張掖□□□□□〼　73EJT37：605

〼四月辛亥朔辛亥〼　73EJT37：606

【校釋】

該簡年代許名瑲（2016F）、（2016G）、（2017A，102頁），黃艷萍（2017，155頁）推定為宣帝地節四年。今按，諸說是。地節，漢宣帝劉詢年號。據徐錫祺（1997，1551頁），地節四年四月辛亥朔，為公曆公元前66年5月22日。

〼……〼　73EJT37：607A

〼□　〼　73EJT37：607B

〼□書到□□□〼　73EJT37：610

〼長樂充國為縣〼

〼如律令，敢言〼　73EJT37：881+612

【校釋】

姚磊（2016K，232頁）綴。

〼不不□□□□　73EJT37：614A

〼□出其□以□書叩頭　73EJT37：614B

建平元年十二月己未朔丁卯〔1〕，西鄉嗇夫褒〔2〕敢言之：市陽〔3〕里張請君〔4〕自言〼

謹案，戶籍臧鄉者，市陽里有大女張請君、年卅七，子女〔5〕褒〔6〕年廿，子男可丘〔7〕年三，葆富里〔8〕□□☐　　73EJT37：617+1047A

昭武長印　☐　　73EJT37：1047B

【校釋】

姚磊（2019E2）綴。A 面三行「請君」原作「倩君」，綴合後釋。「臧」原作「藏」，姚磊（2019E2）據張俊民說、韓鵬飛（2019，1654 頁）改釋。「褒」原作「襃」，該字金關漢簡中大多釋「褒」，據改。

又第四行「富里」下一字姚磊（2019E2）據張俊民說作「許」。今按，該字模糊不清，暫從整理者釋。

【集注】

〔1〕建平元年十二月己未朔丁卯：建平，漢哀帝劉欣年號。據徐錫祺（1997，1672 頁），建平元年十二月丁卯即公曆公元前 5 年 1 月 18 日。

〔2〕褒：人名，為西鄉嗇夫。

〔3〕市陽：里名，屬昭武縣。

〔4〕張請君：人名，為申請傳者。

〔5〕子女：李天虹（2003，69 頁）：簡文稱兒、女均為「子」。

今按，說是。「子女」即子為女性，即女兒。

〔6〕褒：人名，為張請君女兒。

〔7〕可丘：人名，為張請君兒子。

〔8〕富里：里名。

鴻嘉三年二月癸卯朔己☐　　73EJT37：626

明廷不忍，數哀憐☐　　73EJT37：627

【校釋】

姚磊（2016F4）遙綴該簡和簡 73EJT37：119。今按，兩簡形制、字體筆迹等較一致，或存同屬一簡的可能，但不能直接拼合。

元延四年五月己卯朔〔1〕☐

居延，願以令取傳。謹案☐　　73EJT37：637

【集注】

〔1〕元延四年五月己卯朔：元延，漢成帝劉驁年號。據徐錫祺（1997，1665 頁），元延四年五月己卯朔，為公曆公元前 9 年 6 月 19 日。

建平元年四月癸亥朔〔1〕□□，□水守城尉賞〔2〕移肩水金關、居延縣索關〼
史自言遣所葆為家私使居延，名縣里年姓如牒，書，出入如律令〼

73EJT37：640A+707A

佐忠〼 73EJT37：640B+707B

【集注】

〔1〕建平元年四月癸亥朔：建平，漢哀帝劉欣年號。據徐錫祺（1997，1671 頁），建平元年四月癸亥朔，為公曆公元前 6 年 5 月 19 日。

〔2〕賞：人名，當為肩水守城尉。

豐頭二所，左肩二所，□騂北亭長對彭擊豐右手一□〼 73EJT37：798+643

【校釋】

姚磊（2016F9）、（2017D8，85 頁）綴。簡末未釋字姚磊（2017D8，85 頁）從張俊民告知認為可補釋「所」字。今按，據文義補釋可從，但該字僅存一筆，當從整理者釋。

鴻嘉四年十二月癸亥朔庚午〔1〕，居延丞順〔2〕移過所：遣守令史郭陽〔3〕送證觻得獄，當舍
傳舍，從者如律令。 守令史宗〔4〕、佐放〔5〕。 73EJT37：645+1377

【校釋】

許名瑲（2016A）、（2017A，97 頁）綴。

【集注】

〔1〕鴻嘉四年十二月癸亥朔庚午：鴻嘉，漢成帝劉驁年號。據徐錫祺（1997，1650 頁），鴻嘉四年十二月庚午即公曆公元前 16 年 1 月 18 日。

〔2〕順：人名，為居延縣丞。

〔3〕郭陽：人名，為守令史。

〔4〕宗：人名，為守令史。

〔5〕放：人名，為佐。

☑十二月辛未朔庚☑

☑令取傳。謹案☑　　73EJT37：649

【校釋】

該簡年代許名瑲（2016F）、（2016G）、（2017A，102 頁），胡永鵬（2016A，376 頁），黃艷萍（2017，155 頁）推定為哀帝建平四年。今按，諸說當是。建平，漢哀帝劉欣年號。建平四年即公元前 3 年。

☑律令　　73EJT37：650

建平二年六月丙辰朔甲戌〔1〕，廣地觻得守塞尉博〔2〕兼行候事，移肩水金關☑

候長趙審〔3〕寧歸屋蘭，名縣爵里年姓如牒，書到，出入如☑

73EJT37：651A+727A+716A

候史丹〔4〕發　☑

觻得塞尉印

君前　守令史忠〔5〕　☑　　73EJT37：727B+651B+716B

【校釋】

簡 73EJT37：651+727 顏世鉉（2016F）綴，姚磊（2017A6，235 頁）又綴簡 73EJT37：716。

【集注】

〔1〕建平二年六月丙辰朔甲戌：建平，漢哀帝劉欣年號。據徐錫祺（1997，1673 頁），建平二年六月甲戌即公曆公元前 5 年 7 月 23 日。

〔2〕博：人名，為觻得守塞尉。

〔3〕趙審：人名，為候長。

〔4〕丹：人名，為候史。

〔5〕忠：人名，為守令史。

三月壬午，長安令、右丞寬〔1〕移☑　　73EJT37：655

【集注】

〔1〕寬：人名，為長安右丞。

☑壬子朔乙丑，廣明鄉嗇夫恭〔1〕敢言之：廣德〔2〕里不☑　　73EJT37：657

【校釋】

該簡年屬許名瑲（2016G）、（2017A，102 頁）推擬為元延三年。成帝元延三年十二月壬子朔，十四日乙丑。今按，其說或是，該簡紀年及月份均缺，年屬難以判定。

【集注】

〔1〕恭：人名，為廣明鄉嗇夫。

〔2〕廣德：里名。

⧄不復致入　叩頭　請⧄　　73EJT37：659A

⧄　耶　⧄　　73EJT37：659B

⧄尉豐殄虜〔1〕隧長⧄

⧄善毋恙□□□□□⧄　　73EJT37：667A

⧄□謹言毋所□乘與唯□之⧄

⧄軍叩頭叩頭白　⧄　　73EJT37：667B

【集注】

〔1〕殄虜：隧名。

四月丁酉，觻得□丞彭〔1〕移肩水金關、居延縣索關，出入毋⧄

／掾輔〔2〕⧄　　73EJT37：678

【校釋】

第一行末釋字秦鳳鶴（2018B，531 頁）補釋作「美」。今按，該字圖版作形，或為觻得縣長的名字，從字形來看，當非「美」字，暫存疑。

【集注】

〔1〕彭：人名，為丞。

〔2〕輔：人名，為掾。

⧄□當得取傳，謁移過所縣邑津關，勿　　73EJT37：680

⧄□□爰書，先以證財物，故不以實，臧五百以上〔1〕　　73EJT37：681

【集注】

〔1〕證財物，故不以實，臧五百以上：陳仲安（1979，286 頁）：所謂「故不以實」就是故意隱瞞真實情況。

裘錫圭（1992，615 頁）：這條律的大意是說，在財物方面誣陷別人，說別人有五百錢以上的問題，辭定以後，滿三日不改變原辭，就要按照他所誣告人的罪來處理他自己。

高恆（1996，229 頁）：「故不以實」中的「故」，指「故意」，法律用語。《後漢書．郭躬傳》：「法令有故、誤，誤者其文則輕。」

謝桂華（2013，143 頁）：證，證辭，即口供。故不以實，故意隱瞞不講真實情況。臧五百以上，是漢代律令中坐罪的一個等次。

今按，諸說是。該簡為漢代一條律文中的部分內容，完整的律文見於居延新簡 EPF22：1-2 號簡：「證財物故不以實，臧五百以上，辭以定，滿三日而不更言請者，以辭所出入罪反罪。」其含義即如裘先生所說。

□□鳳不以為意□□□□□□□□□□□⧄
□□□□□□□□□□□□□□□□□□□□□⧄　　73EJT37：682

【校釋】

姚磊（2019E3）綴合簡 73EJT37：1355 和該簡。今按，兩簡茬口不能密合，暫不綴合作一簡。

⧄當坐，叩頭，死罪死罪，敢言之　　73EJT37：684

⧄□□□□　張掖大守延年〔1〕、肩水倉長湯〔2〕⧄
⧄乘傳　　　糴得，以次為駕，當舍傳⧄　　73EJT37：686

【校釋】

第一行「湯」原作「移」，該字圖版作，當為「湯」字，「湯」字金關漢簡又作（73EJT1：57）、（73EJT10：211）等形，可以參看。又「肩水倉長湯」金關漢簡習見，亦可為證。該簡或為傳的實物。

【集注】

〔1〕延年：人名，為張掖太守。

〔2〕湯：人名，為肩水倉長。

⧄□司馬孝移肩水金關：遣
⧄毋官獄徵事，當得出入關，如　　73EJT37：690

☐朔乙酉，尸鄉守有秩合眾〔1〕敢告尉史：昌武〔2〕里公乘郭弘〔3〕年廿七，自言為家私市張掖郡
☐事，當為傳，謁移過所縣邑，毋何留。七月丙戌，右尉光〔4〕敢言之：謹案，弘年爵如書，毋
☐移過所縣邑，毋何留。／尉史霸〔5〕。七月丁亥，偃師〔6〕長湯〔7〕移過所縣邑津關，毋何留，如律令。／掾恩〔8〕、令史安〔9〕。 73EJT37：878A+692
☐郭以來 73EJT37：878B

【校釋】

姚磊（2016E5）綴，A面第五行「丁亥」的「亥」原作「取」，綴合後釋。

【集注】

〔1〕合眾：人名，為尸鄉守有秩嗇夫。

〔2〕昌武：里名，屬偃師縣。

〔3〕郭弘：人名，為申請傳者。

〔4〕光：人名，為右尉。

〔5〕霸：人名，為尉史。

〔6〕偃師：漢河南郡屬縣。《漢書·地理志上》：「偃師，尸鄉，殷湯所都。莽曰師成。」

〔7〕湯：人名，為偃師縣長。

〔8〕恩：人名，為掾。

〔9〕安：人名，為令史。

☐□成、居延守丞武〔1〕移過所縣道津關，收流民張掖、武威
☐郡中，遣茂陵脩禮〔2〕里男子公乘陳客〔3〕，年廿五歲，□□□□
73EJT37：693

【集注】

〔1〕武：人名，為居延縣守丞。

〔2〕脩禮：里名，屬茂陵縣。

〔3〕陳客：人名。

元延元年十月甲午朔乙卯〔1〕，鸇陰〔2〕守長、丞並〔3〕移過所：新成〔4〕里男☐
……☐ 73EJT37：698

【校釋】

「鸕陰」原作「鶉陰」，趙爾陽（2016A）認為當釋「鸕」，其說是。該簡「鸕」字作形，為「鸕」無疑，據改。

【集注】

〔1〕元延元年十月甲午朔乙卯：元延，漢成帝劉驁年號。據徐錫祺（1997，1660頁），元延元年十月乙卯即公曆公元前12年12月8日。

〔2〕鸕陰：趙爾陽（2016A）：「鸕陰」縣名無論在傳統史籍亦或出土文獻中都極少見到，後世注者有人依從前志，認為「鸕」當作「鶉」。今據此簡，可知前志誤書或後人訛誤，金關簡整理者釋為「鶉」亦誤，結合圖版及出土情況，此地名西漢時極有可能應為「鸕陰」。

今按，其說當是。《漢書・地理志》有「鶉陰」，為安定郡屬縣。「鸕陰」見於《後漢書》，如《後漢書・沖帝紀》：「護羌校尉趙沖追擊叛羌於鸕陰河，戰歿。」李賢注：「涼州姑臧縣東南有鸕陰縣故城，因水以為名。」《後漢書・西羌傳》：「趙沖復追叛羌到建威鸕陰河。」李賢注：「《續漢書》『建威』作『武威』。鸕陰，縣名，屬安定郡。」又《後漢書・郡國志》「鸕陰」縣屬武威郡，《郡國志五》：「鸕陰故屬安定。」而簡73EJT8：35作：「安定郡施刑士鸕陰大富里陳通」。因此，結合史籍和漢簡來看，《漢書・地理志》「鶉陰」有誤，其當以作「鸕陰」為是，其為安定郡屬縣，後屬武威郡。

〔3〕並：人名，為鸕陰縣丞。

〔4〕新成：里名，屬鸕陰縣。

□□□□□□□□□□□敢言之□□□□□□□□□□□☑
二月癸亥，滎陽守丞萬〔1〕移過所，如律令。　／掾憙〔2〕、令☑

73EJT37：702A

滎陽丞印　☑　　73EJT37：702B

【集注】

〔1〕萬：人名，為滎陽守丞。

〔2〕憙：人名，為掾。

▨……▨
▨憙移居延，如律令。奉明〔1〕廣德〔2〕里丘護〔3〕，年廿七　▨
73EJT37：704

【集注】

〔1〕奉明：漢京兆尹屬縣。《漢書．地理志上》：「奉明，宣帝置也。」

〔2〕廣德：里名，屬奉明縣。

〔3〕丘護：人名。

▨……▨
▨如牒，書到，出內如律令▨　73EJT37：705

作日所累，記不知至田□▨
所作為何等乎，吾過符欲至□▨　73EJT37：708A
田立〔1〕叩頭言　▨
子贛〔2〕坐前：見數不言自□▨　73EJT37：708B

【集注】

〔1〕田立：人名，為致信者。

〔2〕子贛：人名，為受信者。

二月癸酉，廣地隧長尊〔1〕以私印兼行候事，移肩水金　73EJT37：718

【集注】

〔1〕尊：人名，為隧長。

元康五年三月癸未朔癸卯〔1〕，士吏横〔2〕付襄澤〔3〕隧長樂成〔4〕
▨□三月奉
／候房〔5〕臨〔6〕　73EJT37：719

【集注】

〔1〕元康五年三月癸未朔癸卯：元康，漢宣帝劉詢年號，元康五年即神爵元年。據徐錫祺（1997，1561頁），神爵元年三月癸卯即公曆公元前61年4月17日。

〔2〕横：人名，為士吏。

〔3〕襄澤：隧名。

〔4〕樂成：人名，為襄澤隧長。

〔5〕房：人名，為候。

〔6〕臨：郭偉濤（2017C）、（2019，127 頁）：「候房臨」表示肩水候房親臨現場。

今按，其說當是。該簡涉及到官吏薪俸的發放，因此由肩水候房親臨現場監督察看。

☑……

☑居延河津關，毋苛留，如律令。 73EJT37：720

關，毋苛留，敢言之。十一月癸卯，酒泉羌騎☑ 73EJT37：721

【校釋】

姚磊（2017M，191 頁）綴合該簡和簡 73EJT37：26。今按，兩簡似可綴合，但茬口不能十分密合，存以參考。

追殺人賊賈賀〔1〕酒泉張掖武威郡中，當舍傳舍，從者如律令。／兼掾豐〔2〕、守令史□☑ 73EJT37：722

【校釋】

「追」字原作「逐」，該字圖版作[image]，當為「追」字，「追」金關漢簡常作[image]（EPT65：513）形，可以參看。又簡 73EJT37：981 內容和該簡基本相同，其即作「追殺人賊賈賀」，亦可為證。

【集注】

〔1〕賈賀：人名，為殺人賊。

〔2〕豐：人名，為兼掾。

……謹案，賢並〔1〕毋官獄徵事，當為傳，謁移廷，敢言之。
十一月丙午，北鄉，外黃邑〔2〕丞鄧〔3〕移過所☑

73EJT37：1420A+1302+723A

外黃邑丞印☑ 73EJT37：723B+1420B

【校釋】

謝坤（2016G）、（2016I，244 頁）綴。其中 A 面綴合後原作 73EJT37：723A+1420A+1302，此據簡文內容順序調整為 73EJT37：1420A+1302+723A。

【集注】

〔1〕賢並：人名，為申請傳者。

〔2〕外黃邑：漢陳留郡縣邑。《漢書・地理志上》：「外黃，都尉治。」顏師古注引張晏曰：「魏郡有內黃，故加外。」注引臣瓚曰：「縣有黃溝，故氏之也。」顏師古曰：「《左氏傳》云『惠公敗宋師于黃』，杜預以為外黃縣東有黃城，即此地也。」

〔3〕鄧：人名，為外黃邑丞。

☐□酒泉、張掖、武威郡中，當舍傳舍，從者如律令。 73EJT37：725

☐爵四年九月壬戌朔己☐（削衣） 73EJT37：728

☐樂賢 73EJT37：731

五鳳三年四月癸丑〔1〕，北部候長宣〔2〕敢言☐ 73EJT37：732

【集注】

〔1〕五鳳三年四月癸丑：五鳳，漢宣帝劉詢年號。據徐錫祺（1997，1573 頁），五鳳三年四月癸丑即公曆公元前 55 年 5 月 26 日。

〔2〕宣：人名，為北部候長。

☐□史□敢言之：謹案，有〔1〕毋官獄徵事，當得為傳，謁移過所縣邑侯國，勿苛留止，敢言之。

☐□宛獄丞莫當〔2〕行丞事，移過所縣邑侯國，勿苛留止，如律令。／掾通〔3〕、令史東〔4〕。 73EJT37：733

【集注】

〔1〕有：人名，為申請傳者。

〔2〕莫當：人名，為宛縣獄丞。

〔3〕通：人名，為掾。

〔4〕東：人名，為令史。

☐死罪再拜　☐

☐□　☐ 73EJT37：736

當得取傳，謁移　所河津關　留止，如律令，敢言之☐

73EJT37：737+1294

【校釋】

姚磊（2016F9）綴，「所」原作「縣」，綴合後釋。又空格處姚磊（2016F9）分別補「過」「毋苛」。今按，補釋可從，但圖版字迹磨滅，當從整理者釋。

……

卒張掖居延，移肩水金關卒當出關名籍〔1〕一編，如律令。　73EJT37：738A

淮陽令印　73EJT37：738B

【集注】

〔1〕卒當出關名籍：戍卒應當出關的名籍。從 B 面淮陽令印來看，此戍卒當出關名籍事先由淮陽縣發送到金關。

肩水候，寫移，書到，驗問收責報，會四月三日，如大守府書律令。／掾遂〔1〕、卒史博〔2〕。　73EJT37：743

【集注】

〔1〕遂：人名，為掾。

〔2〕博：人名，為卒史。

十二月辛卯，張子上〔1〕以來　73EJT37：744A

還入，如律令　73EJT37：744B

【集注】

〔1〕張子上：人名。

建平三年八月己卯朔乙巳〔1〕，居延城倉長護〔2〕移過所縣道津關：遣從史周武〔3〕歸武威取衣用，當

舍傳舍，從者如律令。　嗇夫長〔4〕、佐☐。　73EJT37：749A

居延倉長印　73EJT37：749B

【集注】

〔1〕建平三年八月己卯朔乙巳：建平，漢哀帝劉欣年號。據徐錫祺（1997，1676頁），建平三年八月乙巳即公曆公元前 4 年 10 月 17 日。

〔2〕護：人名，為居延城倉長。

〔3〕周武：人名，為從史。

〔4〕長：人名，為嗇夫。

五月丁巳，偃師守長、緱氏左尉實、守丞就〔1〕移所過縣邑，毋何留，如律令。
掾敞〔2〕、令史憙〔3〕 73EJT37：752A

緱氏守丞印 73EJT37：752B

【校釋】

第一行「實」字作[illegible]形，從字形來看，當非「實」。該字漢簡中屢見，基本用作人名，有過多種釋法，如「賓」「實」「賽」「寶」等。由於其一般作人名用，且漢簡中人名用字常見有寫法獨特者，因此尚難以斷定此字究竟為何字。就字形看，其更近於「賽」字。存疑待考。

【集注】

〔1〕就：人名，為緱氏守丞。

〔2〕敞：人名，為掾。

〔3〕憙：人名，為令史。

置從置，得行馳道旁，孝文皇帝二年正月丙子〔1〕下。 73EJT37：763

【集注】

〔1〕孝文皇帝二年正月：文帝二年正月癸酉朔，四日丙子，公曆公元前 178 年。

永始五年二月戊戌朔丙午〔1〕，肩水候憲〔2〕敢言之：府下詔書二事，其一事
常以二月遣謁者 73EJT37：770A

守令褒　大　守令史褒〔1〕 73EJT37：770B

【集注】

〔1〕永始五年二月戊戌朔丙午：永始，漢成帝劉驁年號，永始五年即元延元年。據徐錫祺（1997，1659 頁），元延元年二月丙午即公曆公元前 12 年 4 月 3 日。

〔2〕憲：人名，為肩水候。

〔3〕褒：人名，為守令史。

寫移，書到，出入如律令。　／佐昭〔1〕。 73EJT37：771

【集注】

〔1〕昭：人名，為佐。

制曰：可。高皇帝七年七月乙丑下。　73EJT37:772

【校釋】

「乙丑」許名瑲（2016C）、（2016G）、（2017A，110頁）認為高帝七年七月戊寅朔，是月無乙丑。「乙」字或為「己」字之誤。韓鵬飛（2019，1639頁）則認為「七月」可能是「十月」誤書。今按，諸說是，或當為原簡書誤。高帝七年為公元前201年。

☐告尉史：宣平〔1〕里董充〔2〕自言取傳，為家賣牛長安。謹案，
☐縣邑侯國，毋何留，敢告尉史。　73EJT37:774

【集注】

〔1〕宣平：里名。

〔2〕董充：人名，為申請傳者。

府錄毋擅入常鄉，廣地置佐鄭眾〔1〕　73EJT37:775

【集注】

〔1〕鄭眾：人名，為置佐。

居延部，終更已，事未罷，坐傷人，亡命。今聞命籍在頓丘邑〔1〕獄，願自詣，它如爰書。　七月甲辰入　73EJT37:776A
元康四年伏地再拜伏伏伏伏再它再拜伏拜（習字）　73EJT37:776B

【校釋】

第一行「願」字秦鳳鶴（2018B，531頁）釋作「即」。今按，該字圖版作形，當非「願」字，但和「即」字似有差別，或當存疑。

【集注】

〔1〕頓丘邑：漢東郡所屬縣邑。《漢書·地理志上》：「頓丘，莽曰順丘。」顏師古曰：「以丘名縣也。丘一成為頓丘，謂一頓而成也。或曰，成，重也，一重之之丘也。」

元延二年正月癸亥朔丙子〔1〕，居延殄北候邑〔2〕移過所縣道河津關：遣尉史李鳳〔3〕市席、杯器觻
得，當舍傳舍，從者如律令。　／掾臨〔4〕、令史豐〔5〕。　正月廿二日入。
73EJT37：778

【集注】

〔1〕元延二年正月癸亥朔丙子：元延，漢成帝劉驁年號。據徐錫祺（1997，1661頁），元延二年正月丙子即公曆公元前 11 年 2 月 27 日。

〔2〕邑：人名，為殄北候。

〔3〕李鳳：人名，為尉史。

〔4〕臨：人名，為掾。

〔5〕豐：人名，為令史。

……肩水金關：遣吏使之居延，名縣爵里
年姓如牒，書到，出入如律令。　73EJT37：781A
張掖肩水千人　即日發關
／令史嘉└褒〔1〕　73EJT37：781B

【集注】

〔1〕嘉└褒：嘉和褒分別為令史名，中間以└號分隔。

五鳳四年十一月戊辰朔己丑〔1〕，居延都尉德〔2〕、丞延壽〔3〕謂過所縣道津關：遣屬常樂〔4〕與行邊兵丞相史楊卿〔5〕從
事移簿丞相府，乘所占用馬二匹，當舍傳舍，從者如律令。／掾仁〔6〕、屬守長壽〔7〕、給事佐忠〔8〕　73EJT37：782+836A+1255
居延都尉章　73EJT37：836B

【校釋】

簡 73EJT37：782+836 姚磊（2016K，228 頁）綴，姚磊（2018B2）又綴簡 73EJT37：1255。

【集注】

〔1〕五鳳四年十一月戊辰朔己丑：五鳳，漢宣帝劉詢年號。據徐錫祺（1997，1576頁），五鳳四年十一月己丑即公曆公元前公元前 54 年 12 月 23 日。

〔2〕德：人名，為居延都尉。

〔3〕延壽：人名，為丞。

〔4〕常樂：人名，為屬。

〔5〕丞相史楊卿：姚磊（2016K，229 頁）：「丞相史」的監察職能在漢武帝後仍然可見，與刺史並行。

今按，說是。楊卿，丞相史，卿為敬稱。

〔6〕仁：人名，為掾。

〔7〕長壽：人名。

〔8〕忠：人名，為給事佐。

綏和二年十一月乙未朔壬子〔1〕，橐他候普〔2〕移肩水金關：
遣吏卒送雞府官除各如牒，書到出入，如律令。 73EJT37:783A
令史永〔3〕 73EJT37:783B

【集注】

〔1〕綏和二年十一月乙未朔壬子：綏和，漢成帝劉驁年號。據徐錫祺（1997，1670 頁），綏和二年十一月壬子即公曆公元前 6 年 1 月 8 日。

〔2〕普：人名，為橐他候。

〔3〕永：人名，為令史。

七月壬申，尉史漢〔1〕謹案，壽〔2〕年十七歲、爵上造，敢言之。
七月壬申，成都〔3〕守丞罣陶〔4〕謁移過所縣津亭，勿苛止，如律令。 ／掾護〔5〕、令史高〔6〕。 73EJT37:784A
成都丞印 73EJT37:784B

【集注】

〔1〕漢：人名，為尉史。

〔2〕壽：人名。

〔3〕成都：漢蜀郡屬縣，為郡治所在。

〔4〕罣陶：人名，為成都守丞。

〔5〕護：人名，為掾。

〔6〕高：人名，為令史。

劉儀〔1〕叩頭白
孝卿〔2〕前：到幸哀之，未官留，須臾君伯有少少酒，不敢 73EJT37:786A
用如侍何恨不肯來，及□忽……
者為乏當食者不，叩頭幸甚 73EJT37:786B

【校釋】

A 面第二行「官」原未釋，姚磊（2016A3）補釋。該字秦鳳鶴（2018B，531 頁）釋作「向」。今按，該字圖版作形，為漢簡「官」字通常寫法。

【集注】

〔1〕劉儀：人名，為致信者。

〔2〕孝卿：受信者，孝卿當為其字。

建平三年五月庚戌朔甲子〔1〕，肩水候憲〔2〕謂關嗇夫豐〔3〕：遣守令史敞〔4〕
校郵書橐他，書到，出入如律令。 73EJT37:788A
張掖肩候　即日發關
五月甲子以來　令史褒〔5〕 73EJT37:788B

【集注】

〔1〕建平三年五月庚戌朔甲子：建平，漢哀帝劉欣年號。據徐錫祺（1997，1675 頁），建平三年五月甲子即公曆公元前 4 年 7 月 8 日。

〔2〕憲：人名，為肩水候。

〔3〕豐：人名，為關嗇夫。

〔4〕敞：人名，為守令史。

〔5〕褒：人名，為令史。

……☑ 73EJT37:790A
……卒史☑ 73EJT37:790B

☑……
☑毋官獄事，令得為傳，移過所侯國，毋河留。
☑丞我〔1〕　謁移過所　掾緩〔2〕、守令史賜〔3〕。 73EJT37:792

【集注】

〔1〕我：人名，為丞。

〔2〕綏：人名，為掾。

〔3〕賜：人名，為守令史。

……閔□等　73EJT37：793

☑　當償馮君上

☑□　白素〔1〕六尺八寸，直百五十六……夫□□市　73EJT37：794

【集注】

〔1〕白素：《說文・素部》：「素，白緻繒也。」素為本色的未染色的生帛。

☑……趙秋、趙類〔1〕自言取傳，為家私市張掖

☑……邑侯國，以律令從事，敢言之。

☑……過所縣邑侯國，如律令。掾未央〔2〕／守令史相〔3〕。　73EJT37：799A

☑□之丞印　73EJT37：799B

【集注】

〔1〕趙秋趙類：趙秋和趙類分別為人名，為申請傳者。

〔2〕未央：人名，為掾。

〔3〕相：人名，為守令史。

建平四年十二月辛未朔癸酉〔1〕，張掖廣地候況〔2〕移肩水金關……☑

……名縣爵里年姓如牒，書到，出入如律令。　☑　73EJT37：800A

廣地候印　廣地地地　守令史惲☑　73EJT37：800B

【集注】

〔1〕建平四年十二月辛未朔癸酉：建平，漢哀帝劉欣年號。據徐錫祺（1997，1678頁），建平四年十二月癸酉即公曆公元前2年1月8日。

〔2〕況：人名，為廣地候。

建平二年五月丙戌朔丁亥〔1〕，廣地鱳得守塞尉博〔2〕移肩水金關：部吏卒□☑

73EJT37：803A

……☑

五月己丑以來　門下　亭長惲〔3〕　☑　73EJT37：803B

【校釋】

B 面「門下」原作「□下□」，韓鵬飛（2019，1642 頁）作「已入□」。從圖版來看，這幾個字寫法和簡 73EJT37：616 中「門下」二字完全相同，因此亦當釋作「門下」。該簡「五月己丑以來」以及「門下」等字為二次書寫，是對文書傳遞人員到來時間及拆封的記錄。

【集注】

〔1〕建平二年五月丙戌朔丁亥：建平，漢哀帝劉欣年號。據徐錫祺（1997，1673 頁），建平二年五月丁亥即公曆公元前 5 年 6 月 6 日。

〔2〕博：人名，為觻得守塞尉。

〔3〕惲：人名，為亭長。

〼夫假佐恭〔1〕敢言之：善居〔2〕里男子莊涇〔3〕自言取傳，乘馬三匹
〼……年長、馬齒、物色各如牒，過所津關，毋苛留，如律令。
〼過所，如律令。　／掾承〔4〕、守令史就〔5〕。　　73EJT37：806+816

【校釋】

姚磊（2016K，239 頁）遙綴該簡和簡 73EJT37：1207。今按，兩簡形制、字體筆迹等一致，綴合可從，但不能直接拼合。

【集注】

〔1〕恭：人名，為假佐。

〔2〕善居：里名。

〔3〕莊涇：人名，為申請傳者。

〔4〕承：人名，為掾。

〔5〕就：人名，為守令史。

……〼　　73EJT37：809

□□移觻……一兩　　73EJT37：832+811

【校釋】

姚磊（2017A6，232 頁）、（2018E，17 頁）綴合。

▨得守長、日勒尉　丞彭〔1〕移過所，如律令□▨　73EJT37：815

【集注】

〔1〕彭：人名，為丞。

▨□丞彭〔1〕移肩水金關、居延縣索關過所亭　73EJT37：819

【校釋】

姚磊（2017M，188 頁）綴合簡 73EJT37：282 和該簡。今按，兩簡似可綴合，但尚有疑問之處。綴合後簡牘完整，釋文作：「六月乙巳，角得長丞彭移肩水金關、居延縣索關過所亭到如律令。」該簡文明顯不能讀通，又姚磊（2017M，188 頁）指出「長」和「丞」之間存在較大空白區，似當還有一字。按照文義來講，其間應當有一字為角得長的名字，但從圖版來看，其間明顯無字。因此兩簡或不能綴合。

【集注】

〔1〕彭：人名，為丞。

▨□關，毋苛止，如律令，敢言之……　73EJT37：820

▨令史趙彭〔1〕之官，名籍如牒，書到，出如律令。　73EJT37：828A

▨□候史丹〔2〕發　73EJT37：828B

【集注】

〔1〕趙彭：人名，為令史。

〔2〕丹：人名，為候史。

▨肩水關嗇夫放〔1〕以小官印兼行候事，移廣地候官：就人　73EJT37：835A

▨　／守令史宣〔2〕。　73EJT37：835B

【集注】

〔1〕放：人名，為關嗇夫。

〔2〕宣：人名，為守令史。

謹□□東□主隧□□　▨　73EJT37：839

十月壬申，觻得守丞強〔1〕以私印行事，謁移肩水金關，如律令。□

73EJT37：842+946

【校釋】

姚磊（2018B1）綴。

【集注】

〔1〕強：人名，為觻得守丞。

百到必用留衣錢□☑ 73EJT37∶851A

來者，必與之書，令留☑

……☑ 73EJT37∶851B

……

九月癸亥，陽翟邑守丞蓋邑〔1〕寫移過所，如律令。 ／掾長〔2〕、守命史歆〔3〕。

73EJT37∶854+1196

【校釋】

謝坤（2016D）、（2018，134 頁）綴。又「守命史」即「守令史」，「命」當為原簡書誤。

【集注】

〔1〕蓋邑：人名，為陽翟邑守丞。

〔2〕長：人名，為掾。

〔3〕歆：人名，為守令史。

☑謹案，□□□毋官獄徵事，謁移過所縣邑☑

☑移過所，如律令。／掾賢〔1〕、守令史奉〔2〕☑ 73EJT37∶863

【校釋】

姚磊（2016E5）綴合該簡和簡 73EJT37：592。今按，兩簡茬口處似不能密合，或不能綴合。

【集注】

〔1〕賢：人名，為掾。

〔2〕奉：人名，為守令史。

☐　／兼掾臨〔1〕、守令史昌〔2〕、佐長〔3〕。　73EJT37:864

【集注】

〔1〕臨：人名，為兼掾。

〔2〕昌：人名，為守令史。

〔3〕長：人名，為佐。

居延，名縣爵里年姓如☐　73EJT37:868

☐……謹案，戶籍臧☐

☐□津關，毋苛留止，敢言☐

☐……☐　73EJT37:869

神爵二年十二月壬申朔辛卯〔1〕，東鄉嗇夫生〔2〕敢言之：昌樂〔3〕里韓忠〔4〕自言以令占田居延，與子女婢溫〔5〕、小男

……乘占用馬四匹、軺車三乘，謁移肩水金關，出，入復傳，毋苛留止，如律令。敢言之。　73EJT37:871

【集注】

〔1〕神爵二年十二月壬申朔辛卯：神爵，漢宣帝劉詢年號。據徐錫祺（1997，1564頁），神爵二年十二月辛卯即公曆公元前59年1月25日。

〔2〕生：人名，為東鄉嗇夫。

〔3〕昌樂：里名。

〔4〕韓忠：人名，為申請傳者。

〔5〕溫：人名。

建平元年十月庚申朔庚申〔1〕，肩水守城尉平□☐　73EJT37:875

【集注】

〔1〕建平元年十月庚申朔庚申：建平，漢哀帝劉欣年號。據徐錫祺（1997，1672頁），建平元年十月庚申朔，為公曆公元前6年11月12日。

元康二年二月庚子朔癸卯〔1〕，西鄉有秩異眾〔2〕敢言之：樂□☐

73EJT37:876A

閏月戊申□□以來　☐　73EJT37:876B

【集注】

〔1〕元康二年二月庚子朔癸卯：元康，漢宣帝劉詢年號。據徐錫祺（1997，1555頁），元康二年二月癸卯即公曆公元前 64 年 3 月 4 日。

〔2〕異眾：人名，為西鄉有秩嗇夫。

☐□□□□□□☐
☐肩水金關，出入□☐ 73EJT37：877

【校釋】

姚磊（2017G7）綴合該簡和 73EJT21：392 簡。今按，兩簡材質字體等不同，茬口不合，屬於不同探方出土，當不能綴合。

黑色，自言為家私市張掖，正□占，案毋官事，當為☐
毋何留。 ☐
……守令史□……☐ 73EJT37：880A+884
……之印☐ 73EJT37：880B

【校釋】

顏世鉉（2016D）綴。需要說明的是，兩簡茬口處不能直接拼合，當遙綴。中間尚缺失有一個字的內容。又從圖版來看，第一行「官」和「事」字之間尚有一字，或可補釋「獄」字。

出入如律令 ☐ 73EJT37：882

☐黨毋所□☐ 73EJT37：886

☐□都尉雲〔1〕、城騎千人臨〔2〕、尉☐ 73EJT37：894

【校釋】

姚磊（2017M，190 頁）綴合簡 73EJT37：480 和該簡。今按，兩簡似可綴合，但茬口處不能十分密合。

【集注】

〔1〕雲：人名，為都尉。

〔2〕臨：人名，為城騎千人。

▱　步　▱　　73EJT37:895

▱縣邑，勿苛留，如律令。／令史□▱　　73EJT37:902

▱所高下札薄厚繩□▱　　73EJT37:905A

▱出穀若干石　▱　　73EJT37:905B

建平元年九月庚寅朔〔1〕……
謁移卅井縣索、金關，出入，敢言之。
九月庚子，庫守丞長〔2〕移過所，寫移，如律令。　掾音〔3〕

73EJT37：909+906

【校釋】

姚磊（2016D1）綴。

【集注】

〔1〕建平元年九月庚寅朔：建平，漢哀帝劉欣年號。據徐錫祺（1997，1672頁），建平元年九月庚寅朔，為公曆公元前6年10月13日。

〔2〕長：人名，為庫守丞。

〔3〕音：人名，為掾。

舍市杯案席薦〔1〕張掖郡中。當舍傳舍，從者如律▱　　73EJT37:911A

大大守　▱　　73EJT37:911B

【集注】

〔1〕薦：當指草席，草墊。《廣雅・釋器》：「薦，席也。」

……城尉平〔1〕移肩水金關、居延縣索關：吏使居延，所葆各如牒，
書到，出入如律　　73EJT37:913A

嗇夫黨〔2〕　　73EJT37:913B

【集注】

〔1〕平：人名，為城尉。

〔2〕黨：人名，為嗇夫。

▱郡，乘所占馬，駠
▱傳，謁移函谷關　　73EJT37:916

☐關嗇夫吏遣☐☐　　73EJT37：917

☐☐昭武肩水，乘所占用馬一匹、軺車

☐……　　73EJT37：919

☐☐　守丞駿〔1〕移過所：遣中亭〔2〕長蔡崇〔3〕、司空　　73EJT37：928

【集注】

〔1〕駿：人名，為守丞。

〔2〕中亭：亭名。

〔3〕蔡崇：人名，為亭長。

☐☐☐寧北至☐

☐☐☐☐☐☐☐☐　　73EJT37：929

【校釋】

姚磊（2016F1）認為可與簡73EJT37：1572綴合，但兩簡殘損較大，如何拼綴，則存在困難，推測有三種直接綴合的可能，也有遙綴的可能。今按，說是，兩簡形制、字體筆迹等一致，當屬同一簡，但無法直接拼合。

七月丙子，橐他候☐寫移肩水候官，書到　　73EJT37：930A+1407

橐他候印　　73EJT37：930B

【校釋】

姚磊（2016C2）綴，A面未釋字綴合後補「昌」。今按，補釋或可從，但字迹磨滅不能確知，當從整理者釋。

元康二年四月己亥朔癸卯〔1〕，西鄉有秩賢〔2〕敢告尉☐　　73EJT37：931

【集注】

〔1〕元康二年四月己亥朔癸卯：元康，漢宣帝劉詢年號。據徐錫祺（1997，1555頁），元康二年四月癸卯即公曆公元前64年5月3日。

〔2〕賢：人名，為西鄉有秩嗇夫。

取傳，迎家屬。謹案，誼☐　　73EJT37：932A

觻得丞印　☐　　73EJT37：932B

☐……束……☐　　73EJT37:934

……三月辛酉朔丙子，□□敢言之：遣西鄉佐憙〔1〕收流民張掖、金城、隴西郡中，與從者昌里〔2〕　　73EJT37:935

【校釋】

簡首未釋字許名瑲（2017A，103頁）補「初元二年」。今按，補釋可從，但圖版左半大部缺失，字多不可辨識，當從整理者釋。

【集注】

〔1〕憙：人名，為西鄉佐。

〔2〕昌里：里名。

七月　☐
……　☐　　73EJT37:936

正月丁巳，居延令彊〔1〕、丞循〔2〕移卅井☐　　73EJT37:937

【集注】

〔1〕彊：人名，為居延縣令。

〔2〕循：人名，為居延縣丞。

☐……毋官獄徵事，當得☐
☐二月丁丑，居延令尚〔1〕、丞順〔2〕移過☐　　73EJT37:938

【集注】

〔1〕尚：人名，為居延縣令。

〔2〕順：人名，為居延縣丞。

☐□□□以令取傳☐
☐豐、守令史鳳☐　　73EJT37:940

☐□□□□□□□□
☐□□何再拜　　73EJT37:941A
☐□□取十五束□
☐……　　73EJT37:941B

☑……移過所縣官肩水金關，毋苛留，如律　73EJT37：943
☑……使忠留關下待關下　73EJT37：950A
☑……願　73EJT37：950B

建平二年六月丙辰朔丁丑〔1〕，肩水候憲〔2〕謂關嗇夫吏　73EJT37：962A
佐霸〔3〕　73EJT37：962B

【集注】

〔1〕建平二年六月丙辰朔丁丑：建平，漢哀帝劉欣年號。據徐錫祺（1997，1673頁），建平二年六月丁丑即公曆公元前5年7月26日。

〔2〕憲：人名，為肩水候。

〔3〕霸：人名，為佐。

……移肩水金關：遣候長趙審〔1〕為官市，名縣
爵里年姓如牒，書到，出入如律令。　十一月辛卯……並入。
73EJT37：1352A+964
令史嘉〔2〕　73EJT37：1352B

【校釋】

姚磊（2016F5）、（2018E，41頁）綴，此外與該兩簡綴合的還有簡73EJT37：1124。今按，簡73EJT37：1124的綴合似不能十分肯定，暫存以參考。

【集注】

〔1〕趙審：人名，為候長。

〔2〕嘉：人名，為令史嘉。

安居延，願以令取傳。謹案，戶籍臧鄉者，富里〔1〕有呂晏〔2〕，年廿、爵公士〔3〕，呂
……毋官獄徵事，當得取傳，謁移過所河津關、肩水金關，出入
☑博、守丞戎〔4〕，移金關、居延縣索關　73EJT37：968A+1310
角得長印
嗇夫欽〔5〕白　73EJT37：968B

【校釋】

顏世鉉（2016G）綴。

【集注】

〔1〕富里：里名，屬觻得縣。

〔2〕呂晏：人名，為申請傳者。

〔3〕公士：秦漢二十等爵制的第一級。《漢書·百官公卿表上》：「爵：一級曰公士。」顏師古注曰：「言有爵命，異於士卒，故稱公士也。」

〔4〕戎：人名，為觻得守丞。

〔5〕欽：人名，為關嗇夫。

官者，都〔1〕年爵如牒，毋官獄徵事，當得取傳，謁移肩水金關、居延縣索關河津，毋苛留，出入，敢言之。

…… 73EJT37:975

【集注】

〔1〕都：人名，為申請傳者。

☐……如律令，敢言之。

☐廷，如律令。　／掾、令史延年〔1〕。 73EJT37:976

【集注】

〔1〕延年：人名，為令史。

建平元年九月戊申〔1〕，居延令彊〔2〕、守丞宮〔3〕移過所縣道河津關肩水……

73EJT37:978

【校釋】

「宮」原作「聖」，許名瑲（2016I）、（2017A，105頁）釋。其並於「津關」下據字迹及同類簡文例，補釋「遣」字。今按，補釋或可從，但「津關」下原釋文有「肩水」二字，許文所引無，該字墨迹較淡，磨滅不可辨識，暫從整理者釋。又「宮」字胡永鵬（2016A，366頁）亦釋。

【集注】

〔1〕建平元年九月戊申：建平，漢哀帝劉欣年號。據徐錫祺（1997，1672頁），建平元年九月戊申為公曆公元前6年10月31日。

〔2〕彊：人名，為居延縣令。

〔3〕宮：人名，為居延縣守丞。

追殺人賊賈賀〔1〕酒泉、張掖、武威郡中，當舍傳舍，從者如律令。

73EJT37：981

【校釋】

「賈」原未釋，姚磊（2016A3）釋。

【集注】

〔1〕賈賀：人名，為殺人賊。

☑……肩水金關、居延縣索關：出入勿苛留，如律令，乘馬一匹。

☑鄉嗇夫當〔1〕內 ·鞏〔2〕守左尉印 73EJT37：1482+1010

【校釋】

姚磊（2020B，120頁）綴。

【集注】

〔1〕當：人名，為鄉嗇夫。

〔2〕鞏：河南郡屬縣。《漢書·地理志上》：「鞏，東周所居。」

☑□印行候事，謂關嗇夫吏移居延縣索關 73EJT37：1013

☑□常占自言為家私市張掖、酒泉郡中。謹案，年爵如書 73EJT37：1014

陽朔五年六月☑ 73EJT37：1019

☑□水城尉詡〔1〕移肩水金關、居延縣索關

☑…… 73EJT37：1020A

☑□下 73EJT37：1020B

【校釋】

B面「□下」韓鵬飛（2019，1652頁）作「已入」。今按，說非是，據文例當是「門下」。

【集注】

〔1〕詡：人名，當為肩水城尉。

☑……敢言之

☑掾宮〔1〕、守令史長〔2〕。 73EJT37：1023

【集注】

〔1〕宮：人名，為掾。

〔2〕長：人名，為守令史。

府卿哀憐全命，所以顧納之章▨　　73EJT37：1029

▨□官除年姓如牒，書到，出入如律令。　　73EJT37：1032A

▨□城尉印　正月十九日武〔1〕以來　　73EJT37：1032B

【校釋】

A 面未釋字姚磊（2016D2）補「里」。今按，補釋或可從，但該字大部殘缺，不能確知，當從整理者釋。又 B 面「城」字原作「成」，該字左半缺失，當為「城」字，據改。

【集注】

〔1〕武：人名。

▨□□肩水金關、卅井關　令　　73EJT37：1035+1411

【校釋】

顏世鉉（2016C）綴。

▨遣之官，書到，出如律　　73EJT37：1037

建平元年九月癸丑〔1〕，居延令彊〔2〕、守丞宮〔3〕移過所縣道河津關：遣司空佐張
黨〔4〕以令對會□月　　73EJT37：1045

【集注】

〔1〕建平元年九月癸丑：建平，漢哀帝劉欣年號。據徐錫祺（1997，1672 頁），建平元年九月癸丑即公曆公元前 6 年 11 月 5 日。

〔2〕彊：人名，為居延縣令。

〔3〕宮：人名，為居延縣守丞。

〔4〕張黨：人名，為司空佐。

☐署金關☐……　姊子始至〔1〕里張音〔2〕，年廿五☐　　73EJT37：1046

【校釋】

「姊」原作「女」，姚磊（2016D2）釋。

【集注】

〔1〕始至：里名。

〔2〕張音：人名。

☐　／掾延〔1〕、兼屬豐〔2〕、書佐良〔3〕。　　73EJT37：1051

【集注】

〔1〕延：人名，為掾。

〔2〕豐：人名，為兼屬。

〔3〕良：人名，為書佐。

建平元年十二月己未朔辛酉〔1〕，櫜他塞尉立〔2〕移肩水金關：候長宋敞〔3〕自言
與葆之觻得，名縣里年姓如牒，書到，出入如律令。　　73EJT37：1061A
張掖櫜他候印　　即日嗇夫豐〔4〕發
十二月壬戌，令史義〔5〕以來。　門下。　　73EJT37：1061B

【集注】

〔1〕建平元年十二月己未朔辛酉：建平，漢哀帝劉欣年號。據徐錫祺（1997，1672頁），建平元年十二月辛酉即公曆公元前5年1月12日。

〔2〕立：人名，為櫜他塞尉。

〔3〕宋敞：人名，為候長。

〔4〕豐：人名，為關嗇夫。

〔5〕義：人名，為令史。

五鳳四年五月辛未朔乙未〔1〕，廣地守候、塞尉順〔2〕移肩水金關，
書到，如律令。　　73EJT37：1062A
張肩塞尉　　73EJT37：1062B

【集注】

〔1〕五鳳四年五月辛未朔乙未：五鳳，漢宣帝劉詢年號。據徐錫祺（1997，1575頁），五鳳四年五月乙未即公曆公元前公元前 54 年 7 月 2 日。

〔2〕廣地守候、塞尉順：李均明、劉軍（1992，137 頁）：守候順以塞尉身份守職，或有代用性質。守候順任期上限為河平五年、下限未詳。

今按，其說是。順，人名，當為肩水塞尉兼守廣地候。又居延漢簡 35．8A 有「甲渠鄣守候塞尉順」，其中的「順」和本簡「順」或是同一人。

甘露元年四月丙申朔丁巳〔1〕，居延卅井候長廣漢〔2〕敢言之：廣漢遷為卅井候長，與子男充〔3〕俱之官，謹移致籍，敢言之。

73EJT37：1063

【集注】

〔1〕甘露元年四月丙申朔丁巳：甘露，漢宣帝劉詢年號。據徐錫祺（1997，1577頁），甘露元年四月丁巳即公曆公元前 53 年 5 月 19 日。

〔2〕廣漢：人名，為卅井候長。

〔3〕充：人名，為廣漢兒子。

以請詔見親渭陵園〔1〕，當舍傳舍，從者如律令。　／兼掾博〔2〕，屬蒲〔3〕，書佐誼、尊〔4〕。

73EJT37：1064

【集注】

〔1〕渭陵園：陵園名，為漢元帝墓陵園。《後漢書．馮衍傳》：「先將軍葬渭陵，哀帝之崩也，營之以為園。」李賢注：「奉世為右將軍，即衍之曾祖，故言『先將軍』。渭陵，元帝陵，在長安北五十里。哀帝義陵在長安北四十六里。奉世墓入義陵塋中，所以衍不得入葬而別求也。」

〔2〕博：人名，為兼掾。

〔3〕蒲：人名，為屬。

〔4〕誼、尊：誼和尊均為書佐人名。

永始五年閏月己巳朔戊寅〔1〕，櫜他守候護〔2〕移肩水金關：遣令史呂鳳〔3〕持傳車〔4〕詣府，名縣爵里年姓如牒，書到，出入如律令。

73EJT37：1065A

張肩塞尉　　　　　嗇夫欽〔5〕白發

閏月壬申況〔6〕以來　君前　／令史鳳、尉史敞〔7〕。　　　73EJT37：1065B

【校釋】

B 面第二行「壬申況」郭偉濤（2017A，251 頁）、（2017C）、（2019，113 頁）作「壬午」。今按，圖版模糊，其究竟為三字還是兩字不能辨別，暫從整理者釋。

【集注】

〔1〕永始五年閏月己巳朔戊寅：永始，漢成帝劉驁年號，永始五年即元延元年。據徐錫祺（1997，1659 頁），元延元年閏正月，戊寅即公曆公元前 12 年 3 月 6 日。

〔2〕護：人名，為橐他守候。

〔3〕呂鳳：人名，為令史。

〔4〕傳車：李均明（1997，106～107 頁）：傳車，驛傳用車，因其用途而得名……傳車是漢代主要的行政用車，《漢書・鮑宣傳》：「鮑宣為豫州牧行部，乘傳去法駕，駕一馬，舍宿鄉亭。」《漢書・田儋傳》：「橫乃與其客二人乘傳詣雒陽。」……由於傳車用於驛傳，故亦稱「驛車」，《漢書・王莽傳》：「乃流棻於幽州，放尋於三危，殛隆於羽山，皆驛車載其尸傳致之。」

中國簡牘集成編輯委員會（2001D，248 頁）：漢代郵驛系統中所用的一種車輛，既可以載人，又可以載物。

今按，諸說是。傳車為驛置傳舍用於接送過往官吏的一種馬拉車輛。《漢書・高帝紀下》：「橫懼，乘傳詣雒陽，未至三十里，自殺。」顏師古注引如淳曰：「律，四馬高足為置傳，四馬中足為馳傳，四馬下足為乘傳，一馬二馬為軺傳。急者乘一乘傳。」顏師古曰：「傳者，若今之驛，古者以車，謂之傳車，其後又單置馬，謂之驛騎。」

〔5〕欽：人名，為關嗇夫。

〔6〕況：人名。

〔7〕敞：人名，為尉史。

……移過所縣邑河津關，城騎千人

子男安〔1〕歸雲陽〔2〕，縣邑門亭，毋苛留，如律令。

掾宮〔3〕、令史長〔4〕。　　　73EJT37：1066

【集注】

〔1〕安：人名。

〔2〕雲陽：據《漢書·地理志》，雲陽為左馮翊屬縣。

〔3〕宮：人名，為掾。

〔4〕長：人名，為令史。

綏和二年四月己亥朔癸卯〔1〕，守城尉賞〔2〕移肩水金關、居延卅井縣索關：吏自言遣所葆

…… 73EJT37：1067A

四月乙巳北　白發君前 73EJT37：1067B

【集注】

〔1〕綏和二年四月己亥朔癸卯：綏和，漢成帝劉驁年號。據徐錫祺（1997，1669頁），綏和二年四月癸卯即公曆公元前7年5月4日。

〔2〕賞：人名，為守城尉。賞字筆迹不同於同簡其他文字，當為守城尉本人簽名。

建平二年八月乙卯朔辛酉〔1〕，肩水庫嗇夫賞〔2〕以小官印行城尉事，移肩水金關 73EJT37：1068

【集注】

〔1〕建平二年八月乙卯朔辛酉：建平，漢哀帝劉欣年號。據徐錫祺（1997，1674頁），建平二年八月辛酉即公曆公元前5年9月8日。

〔2〕賞：人名，為肩水庫嗇夫。

元延二年二月丙申〔1〕，居延守令、城騎千人敞〔2〕、丞忠〔3〕移過所縣□〼關：遣都阿〔4〕亭長徐光〔5〕以詔書送徒上河〔6〕，當舍傳舍，從者如律令。

三月壬申出卩。　掾陽〔7〕、守令史陽〔8〕、佐賢〔9〕。 73EJT37：1070

【集注】

〔1〕元延二年二月丙申：元延，漢成帝劉驁年號。據徐錫祺（1997，1661頁），元延二年二月丙申即公曆公元前11年3月19日。

〔2〕敞：人名，為居延縣守令、城騎千人。

〔3〕忠：人名，為居延縣丞。

〔4〕都阿：亭名。

〔5〕徐光：人名，為都阿亭長。

〔6〕上河：為地名。《漢書・馮奉世傳》：「陽朔中，中山王來朝，參擢為上河農都尉。」顏師古曰：「上河在西河富平，於此為農都尉。」《後漢書・安帝紀》：「甲子，任尚及騎都尉馬賢與先零羌戰于富平上河，大破之。」李賢注：「富平，縣，屬北地郡，故城在今靈州回樂縣西南。酈元《水經注》曰：『河水於此有上河之名也。』」

〔7〕陽：人名，為掾。

〔8〕陽：人名，為守令史。

〔9〕賢：人名，為佐。

相〔1〕伏地再拜請

□□□□□□□□發元謹之，相欲□□□二百錢，今留 73EJT37：1072A

長□足下 73EJT37：1072B

【集注】

〔1〕相：人名，為致信者。

吏送致謹給邊，重事，毋令稽留，如律令，敢告卒人〔1〕。／掾崇〔2〕、書佐彭〔3〕 ▱ 73EJT37：1073

【集注】

〔1〕敢告卒人：羅振玉、王國維（1993，141 頁）：《論衡・謝短篇》：「兩郡遺書曰『敢告卒人』，兩縣不言，何解？」此簡乃抵候史德者，而曰「令敢告卒人」，知前漢此語，不限於兩郡遺書也。

陳直（2009，136 頁）：郡太守與本郡都尉之公牘，亦稱為敢告卒人，不獨兩郡太守移書為然也。卒人指府門卒而言，內官公卿、外官太守及都尉府皆有之。縣令長無府門卒之制度，故王充設作疑問，稱為兩縣不言何解也。但卒人雖係指府門卒，實指太守或都尉而言，等於後代人之稱閣下也。

大庭脩（1991，130 頁）：可以明確，使用「敢告」文字的下達文書，限於郡太守對都尉指揮下的戍卒、田卒等全體兵士傳達命令的場合。

汪桂海（1999，101～102 頁）：通過對文獻和大量簡牘文書的分析，知道漢代「敢告卒人」一語主要出現在三種情況下：1. 甲郡太守移乙郡太守的書；2. 郡太守移本郡諸都尉、校尉的文書；3. 郡級官府移所屬縣級官府的文書。

中國簡牘集成編輯委員會（2001H，178 頁）：敢告卒人，公文用語，敢告，有相尊重之意。《論衡・謝短篇》：「兩郡移書曰敢告卒人，兩縣不言何解。」據居延簡記載，本郡太守與本郡都尉之公牘，亦稱為敢告卒人，不獨兩郡太守移書為然也。而塞候致尉之書，曰告尉。卒人，為郡守、都尉府官吏統稱。

大庭脩（2001，93 頁）：可知「敢告」是上級對下級所發文書使用的敬語。以「卒人」為「敢告」對象的文書，其形式為郡太守一級的高級官吏越過中間管理層而對每個人傳達，因此當是在內容極為重要的情況下使用。這種文書，可以說具有「教育」「教諭書」的性質。

蘇衛國（2008，224 頁）：在完整的文書中「敢告卒人」是配對出現的。這點，與文書中「敢言之」的配對是一樣的，所起的作用亦大致相同，是「敢告卒人」所告內容開始和結束的限定標誌……不能將其所告之直接對象妄斷為縣級機構或官吏。由此看來，「敢告卒人」一語的用法似乎還未出郡一級往來文書的範圍，王充之言，也還是基本符合事實的。

李迎春（2016，147 頁）：卒人（卒史）在戰國時期即主要作為郡守等二千石左右級別官員的屬吏，以協理長官處理文書等事務為職，因此郡守等二千石級別官員來往公文中，往往以「敢告卒人」作為謙稱。

今按，諸說多是。「敢告卒人」用於郡太守一級往來公文以及郡太守發送至本郡諸都尉一級的文書中，應當不用於郡級官府移所屬縣級官府的文書中。

〔2〕崇：人名，為掾。

〔3〕彭：人名，為書佐。

☐……行……　　73EJT37：1074

五鳳三年正月戊寅朔戊子〔1〕，都鄉嗇夫遂〔2〕、佐得〔3〕敢言之：長陽〔4〕里師樂〔5〕自言為家市張掖郡中。謹案，

樂毋官獄徵事，當為傳，謹移過所，勿苛留，敢言之。正月庚寅，原武右尉憙〔6〕敢言之：

謹移，案樂年爵如書，敢言之，尉史萬〔7〕。正月辛卯，原武守丞武〔8〕移過所，如律令，掾強〔9〕。

佐異眾〔10〕。　　73EJT37：1075A

原武丞印　　73EJT37：1075B

【集注】

〔1〕五鳳三年正月戊寅朔戊子：五鳳，漢宣帝劉詢年號。據徐錫祺（1997，1573 頁），五鳳三年正月戊子即公曆公元前 55 年 3 月 2 日。

〔2〕遂：人名，為都鄉嗇夫。

〔3〕得：人名，為都鄉佐。

〔4〕長陽：里名，屬原武縣。

〔5〕師樂：人名，為申請傳者。

〔6〕憙：人名，為原武賢右尉。

〔7〕萬：人名，為尉史。

〔8〕武：人名，為原武縣守丞。

〔9〕強：人名，為掾。

〔10〕異眾：人名，為佐。

五鳳四年六月庚子朔甲寅〔1〕，中鄉嗇夫廣〔2〕、佐敢言之：囂陵〔3〕里男子習萬〔4〕自言欲取傳，為家私使張掖居延界中。謹案，萬年五十一，毋官獄徵事，當得為傳，父不尊〔5〕證。謁言，移過所縣邑，毋留止，如律令，敢言之。

六月己未，長安守右丞世〔6〕移過所縣邑，毋苛留，如律令。　掾　令史奉〔7〕。

73EJT37：1076A

章曰長安右丞印　73EJT37：1076B

【集注】

〔1〕五鳳四年六月庚子朔甲寅：五鳳，漢宣帝劉詢年號。據徐錫祺（1997，1575 頁），五鳳四年六月甲寅即公曆公元前 54 年 7 月 21 日。

〔2〕廣：人名，為中鄉嗇夫。

〔3〕囂陵：里名，屬長安縣。

〔4〕習萬：簡 73EJT37：1081 作：「京兆尹長安囂陵里習萬年五十一長七尺三寸黑色　正月丁丑入。」姚磊（2016G9）、（2017K，166 頁）認為兩簡中的「習萬」當為同一人。推測兩簡有可能是一出一入。73EJT37：1076 號簡「六月己未長安守右丞世移過所縣邑毋苛留」是「出長安」，73EJT37：1081「正月丁丑入」是「入肩水金關」。兩簡簡文互相印證，文意通順。從簡文知，習萬因「私事用傳」，於五鳳四年六月己未從長安出發，甘露元年正月丁丑抵達張掖，歷時

六個多月，約 201 天。劉欣寧（2016）則認為簡 73EJT37：1081 是附於該簡的「牒」，其上的「正月丁丑入」為金關所增添的記錄。

今按，諸說多是。習萬為申請傳者之名。該簡為習萬故鄉長安為其頒發的通行證，簡 73EJT37：1081 則為習萬通過金關的出入名籍。簡 73EJT37：1081 上文字字體筆迹一致，且和該簡筆迹完全不同，應該不是所附的「牒」。

〔5〕父不尊：原簡當脫一「老」字，不尊為人名，為里父老。也可能「不」字為「老」字之訛誤，則尊為人名。

〔6〕世：人名，為長安縣守右丞。

〔7〕奉：人名，為令史。

八月乙亥，觻得守丞強〔1〕以私印行事，移肩水金關，出，來傳入，如律令。
73EJT37：1092

【集注】

〔1〕強：人名，為觻得縣守丞。

律令　十月甲戌出卩　73EJT37：1093

……爵公乘，年六十歲，毋官獄徵事，當得以□取傳，謁移過所河津關，毋苛留止，如律令，
敢言之。·四月己亥，居延守丞建〔1〕移過所，如律令。　／掾宮〔2〕、佐長〔3〕。
73EJT37：1094A
居延丞印　73EJT37：1094B

【集注】

〔1〕建：人名，為居延縣守丞。

〔2〕宮：人名，為掾。

〔3〕長：人名，為佐。

……毋官獄徵事，當為傳，謁移廷，敢言
之，移所過縣，毋何止。九月癸未，鉅定〔1〕丞登〔2〕移所過縣邑侯國，毋何止，如律令，掾何〔3〕。　73EJT37：1095A
守令史寬〔4〕　73EJT37：1095B

【集注】

〔1〕鉅定：據《漢書・地理志》，鉅定為齊郡屬縣。又《漢書・武帝紀》：「三月，上耕於鉅定。」顏師古注引服虔曰：「地名也，近東海。」注引應劭曰：「齊國縣也。」注引晉灼曰：「案《地理志》，應說是。」

〔2〕登：人名，為鉅定縣丞。

〔3〕何：人名，為掾。

〔4〕寬：人名，為守令史。

……移肩水金關□□□□□

□牒，書到，出入如律令。 73EJT37：1096A

□他候印　…… 73EJT37：1096B

……⧄

守屬員蓋之〔1〕收責盜臧居延，乘家所占用馬，當舍傳舍，從者如律令。　⧄

73EJT37：1097A

張掖大守章　⧄

……　⧄ 73EJT37：1097B

【校釋】

A 面「員」原作「負」，姚磊（2017K，166 頁）釋作「員」，認為此處「員」疑作姓氏解。今按，其說是。「負」通作「員」，《廣韻・僊韻》：「負，《說文》作員，物數也。」

【集注】

〔1〕員蓋之：人名，當為守屬。

⧄張掖肩水司馬宜〔1〕以秩次行都尉事，謂□遣千人蔡宗〔2〕校

⧄□如律令。　守屬豐〔3〕。 73EJT37：1098A

⧄史，計會辯治，超等等軼群，出尤 73EJT37：1098B

【校釋】

B 面「史」字原作「入」，該字圖版作，上部略殘，當為「史」字。B 面內容屬《蒼頡篇》，相同內容居延新簡 EPT50・1A 作「苟務成史，計會辨治，超等軼群，出尤別異」，亦可為證。白軍鵬（2018，520 頁）亦認為「入」字乃「史」字之殘。

【集注】

〔1〕宜：人名，為肩水司馬。

〔2〕蔡宗：人名，為肩水千人。

〔3〕豐：人名，為守屬。

五鳳二年五月壬子朔辛巳〔1〕，武安〔2〕左尉德〔3〕調為郡送戍田卒張掖郡

73EJT37：1099A

□□□印　73EJT37：1099B

【集注】

〔1〕五鳳二年五月壬子朔辛巳：五鳳，漢宣帝劉詢年號。據徐錫祺（1997，1571頁），五鳳二年五月辛巳即公曆公元前56年6月28日。

〔2〕武安：漢魏郡屬縣。《漢書・地理志上》：「武安。欽口山，白渠水所出，東至列人入漳。又有寖水，東北至東昌入虖池河，過郡五，行六百一里。有鐵官。莽曰桓安。」

〔3〕德：人名，為武安左尉。

☐□來勳光即報中□□不可忽，不宜假　73EJT37：1116

建平元年十月庚申朔戊子〔1〕，廣地候移☐　73EJT37：1124

【校釋】

顏世鉉（2016G）綴合該簡和簡73EJT37：877。姚磊（2016F5）、（2018E，40頁）認為其不能綴合，且綴合該簡和簡73EJT37：1532+964。今按，姚說是，該簡和簡73EJT37：877形制、字體筆迹等不一致，當不能綴合。但該簡和簡73EJT37：1532+964的綴合亦不能十分肯定，暫存以參考。

【集注】

〔1〕建平元年十月庚申朔戊子：建平，漢哀帝劉欣年號。據徐錫祺（1997，1672頁），建平元年十月戊子即公曆公元前6年12月10日。

☐車一乘，毋苛留止，如律令。　73EJT37：1128

☐守令史段武〔1〕葆之武威、金城、張掖、居延、酒泉郡界中〔2〕，河津

73EJT37：1132

【集注】

〔1〕段武：人名，為守令史。

〔2〕張掖居延酒泉郡界中：高榮（2017，122 頁）：將居延致於張掖、酒泉二郡中間，足見居延是與武威、金城、張掖、酒泉等郡平行並列的行政建置。

今按，高說誤。這句話其實是「武威、金城、張掖、酒泉郡，居延界中」的意思，居延是縣一級的行政建置。

建平四年正月丁未朔癸丑〔1〕，肩水候憲〔2〕謂關嗇夫吏：據書葆妻子收責橐他界中，名縣爵
里官除年姓各如牒，書到，出入盡十二月，如律令。 73EJT37：1378+1134

【校釋】

姚磊（2016A5）、（2017K，162 頁）綴。第三行「各如牒」原作「□名縣」，姚磊（2017K，162 頁）蒙雷海龍提醒改釋。

【集注】

〔1〕建平四年正月丁未朔癸丑：建平，漢哀帝劉欣年號。據徐錫祺（1997，1677 頁），建平四年正月癸丑即公曆公元前 3 年 2 月 22 日。

〔2〕憲：人名，為肩水候。

☐子男恭年廿☐ 73EJT37：1135

☐得，順〔1〕曰：地且予錢。黨〔2〕曰：諾。順曰：今為錢浣之，順告☐
73EJT37：1139

【集注】

〔1〕順：人名。

〔2〕黨：人名。

直三百五十，願以錢□☐ 73EJT37：1143A
□巨君、蔡君□□□☐
誠忘之，以故如氏巨君☐ 73EJT37：1143B
☐字君仲　謝柎 73EJT37：1146

五月十七日辛巳除，廿一日乙酉受遣。

閏月十日甲辰發。 73EJT37：1148

【校釋】

該簡年代許名瑲（2016F）、（2016G）、（2017A，103頁），黃艷萍（2017，155頁）認為屬甘露元年。今按，諸說是。甘露，漢宣帝劉詢年號，甘露元年即公元前53年。

五鳳三年八月乙巳朔丁卯〔1〕，橐他塞尉幸〔2〕敢言之：遣
家屬私使觻得，唯官為入出符，敢言之。 73EJT37：1149

【集注】

〔1〕五鳳三年八月乙巳朔丁卯：五鳳，漢宣帝劉詢年號。據徐錫祺（1997，1574頁），五鳳三年八月丁卯即公曆公元前55年10月7日。

〔2〕幸：人名，為橐他塞尉。

□□□年十月庚申朔癸亥，橐他塞尉……
肩水界中，官除如牒，書到，出入如律令。 73EJT37：1162A
張掖橐塞尉　即日嗇夫豐〔1〕發
……以來　　門下 73EJT37：1162B

【校釋】

該簡年代許名瑲（2016F）、（2016G）、（2017A，103頁）推定為建平元年。胡永鵬（2016A，367頁）指出西漢中晚期元康三年（前63）和建平元年（前6）與本簡月朔相合，據「嗇夫豐」則該簡紀年當為後者。黃艷萍（2017，156頁）則認為應為元康元年和建平元年兩者的其中之一，具體紀年尚無法確定。今按，諸說多是。該簡年屬當為建平元年（前6）。

【集注】

〔1〕豐：人名，為嗇夫。

錢入其縣，邊以見錢取庸，往者姦黠民受錢為庸，去署亡，犯法不已，事槧不可長，諸庸卒不已事 73EJT37：1164
如律令 73EJT37：1165

令史遂〔1〕 ▨ 73EJT37：1166

【集注】

〔1〕遂：人名，為令史。

……

屬可〔1〕校居延部縣農官穀，乘所占用馬，當舍傳舍▨ 73EJT37：1167A

張掖大守章 ▨

…… ▨ 73EJT37：1167B

【集注】

〔1〕可：人名，為屬。

▨□武敢言之：謹寫移，敢言之。 73EJT37：1170

京輔都尉政〔1〕、丞咸〔2〕，霸陵園〔3〕令博〔4〕，東園〔5〕令放〔6〕，霸陵▨

73EJT37：1173+1183

【集注】

〔1〕政：人名，為京輔都尉。

〔2〕咸：人名，為丞。

〔3〕霸陵園：陵園名，為漢文帝陵園。《漢書・文帝紀》：「七年夏六月己亥，帝崩于未央宮……乙巳，葬霸陵。」顏師古注：「自崩至葬凡七日也。霸陵在長安東南。」

〔4〕博：人名，為霸陵園令。

〔5〕東園：《漢書・外戚傳上》：「邛太后凡立四十九年，年七十餘，永始元年崩，合葬杜陵，稱東園。」顏師古注曰：「雖同塋兆而別為墳，王后陵次宣帝陵東，故曰東園也。」則此東園或即《漢書》所載陵園名東園者。

〔6〕放：人名，為東園令。

二月癸巳，肩水行候事騂北亭▨ 73EJT37：1175

▨所縣道河津關：遣守屬陳宗▨

▨ 掾弘〔1〕、屬□ ▨ 73EJT37：1176

【校釋】

姚磊（2016F3）、（2018E，29 頁）遙綴簡 73EJT37：447 和該簡。今按，兩簡形制、字體筆迹一致，內容相關，或屬同一簡，但不能直接拼合。

【集注】

〔1〕弘：人名，為掾。

八月庚午，匽師丞義〔1〕移過所河津門亭，勿苛留，如律令。／掾廣〔2〕、令史彭〔3〕。　　73EJT37：1416+1177

【校釋】

林宏明（2016H）、姚磊（2017A6，230 頁）綴合。

【集注】

〔1〕義：人名，為匽師丞。

〔2〕廣：人名，為掾。

〔3〕彭：人名，為令史。

⧄守丞臨〔1〕移過所縣道張　　73EJT37：1178

【集注】

〔1〕臨：人名，為守丞。

⧄□立以來　⧄　　73EJT37：1181A

⧄……遣亭長……⧄　　73EJT37：1181B

五鳳四年三月壬申朔癸酉〔1〕，令史登〔2〕敢言⧄
同縣故里柳廣〔3〕偕，乘所占騅〔4〕牡馬一匹，白駹〔5〕左□⧄
侯國門亭河津，勿苛留，如律令⧄
三月癸酉，蔭平守丞寰〔6〕寫移⧄　　73EJT37：1184

【校釋】

末行「蔭」字黃浩波（2016C）作「博」，該字作形，從字形來看似非「博」，亦非「蔭」，或當存疑待釋。

【集注】

〔1〕五鳳四年三月壬申朔癸酉：五鳳，漢宣帝劉詢年號。據徐錫祺（1997，1575頁），五鳳四年三月癸酉即公曆公元前 54 年 4 月 11 日。

〔2〕登：人名，為令史。

〔3〕柳廣：人名。

〔4〕騅：馬毛色蒼白相雜。《玉篇．馬部》：「騅，馬蒼白雜毛色也。」

〔5〕騩：馬淺黑色。《說文．馬部》：「騩，馬淺黑色。」

〔6〕寰：人名，為守丞。

☐敢言之：富里〔1〕男子張良〔2〕自言與同縣宜□☐
☐鄉……如牒，毋官獄徵事，當得取傳☐
☐……河津關，寫移，毋苛留，如律令☐ 73EJT37：1186A
☐　／掾晏〔3〕、守令史□☐ 73EJT37：1186B

【集注】

〔1〕富里：里名。

〔2〕張良：人名，為申請傳者。

〔3〕晏：人名，為掾。

☐……☐
☐史昌〔1〕、佐定〔2〕　☐ 73EJT37：1187

【集注】

〔1〕昌：人名，當為令史。

〔2〕定：人名，為佐。

☐令安世〔1〕、守丞聖〔2〕移過所縣邑，案如書以從事。／掾彊〔3〕、令史兼〔4〕。
73EJT37：1188

【集注】

〔1〕安世：人名，為令。

〔2〕聖：人名，為守丞。

〔3〕彊：人名，為掾。

〔4〕兼：人名，為令史。

□□北鄉嗇夫黨〔1〕敢言之：樂里〔2〕男子馬晏〔3〕　73EJT37：1189

【集注】

〔1〕黨：人名，為北鄉嗇夫。

〔2〕樂里：里名。

〔3〕馬晏：人名，為申請傳者。

□　水金關，出入如律令，敢言之□　73EJT37：1191A

□□印……□　73EJT37：1191B

河平四年五月壬子朔甲子〔1〕，……□　73EJT37：1194

【集注】

〔1〕河平四年五月壬子朔甲子：河平，漢成帝劉驁年號。據徐錫祺（1997，1633頁），河平四年五月甲子即公曆公元前25年6月28日。

主吏卒候望、備盜賊为職，迺二月□　73EJT37：1198

□□□北部候史王卿……　73EJT37：1199A

謁取之，毋忘也　□　73EJT37：1199B

謁言府，叩頭死罪，敢言□　73EJT37：1200A

異異　步□　73EJT37：1200B

建平元年十一月甲辰〔1〕，居延令彊〔2〕、守丞　移過所縣道河津關：遣守□

73EJT37：1202

【校釋】

「丞」後空缺處許名瑲（2016I）、（2017A，105頁）據同類簡文例補「宮」字。今按，補釋或可從，但圖版磨滅，似本來即無字。職官名後空缺人名的情況漢簡習見，其當為草稿，有待填入發文官吏的名字。

【集注】

〔1〕建平元年十一月甲辰：建平，漢哀帝劉欣年號。據徐錫祺（1997，1672頁），建平元年十一月甲辰即公曆公元前6年12月26日。

〔2〕彊：人名，為居延縣令。

市丞繼卿臨謁言，敢言之。 ☑ 73EJT37：1203A
今已巳治、癸丑治之，食廿人可之……☑ 73EJT37：1203B
元始三……（字被削去）☑ 73EJT37：1204

建平三年正月癸未朔〔1〕……☑
……張掖、酒泉☑ 73EJT37：1207

【校釋】

姚磊（2016K，239 頁）遙綴簡 73EJT37：806+816 和該簡。今按，兩簡形制、字體筆迹等一致，綴合可從，但不能直接拼合。

【集注】

〔1〕建平三年正月癸未朔：建平，漢哀帝劉欣年號。據徐錫祺（1997，1675 頁），建平三年正月癸未朔，為公曆公元前 4 年 1 月 28 日。

☑ 掾意〔1〕、令史相〔2〕。 73EJT37：1210

【集注】

〔1〕意：人名，為掾。
〔2〕相：人名，為令史。

☑乞鞫囚刑忠〔1〕名籍如牒，書☑ 73EJT37：1213

【集注】

〔1〕刑忠：人名，為囚。

☑當取傳，謁移過所縣邑侯國門亭河津 73EJT37：1216
自言為府卒史朱賢☑ 73EJT37：1218

☑二月丁卯，武騎期門侍郎〔1〕臣延壽〔2〕持節承 ☑
☑…… 傳第九十七 ☑
☑…… ☑ 73EJT37：1225

【校釋】

第一行「騎」原作「駿」、「承」原作「奉」，均黃浩波（2017A，259 頁）釋。

【集注】

〔1〕武期騎門侍郎：黃浩波（2017A，261 頁）：期門，則可見於《漢書・百官公卿表》，為光祿勳屬官……至於武騎和期門的關聯，《漢書・東方朔傳》有「與侍中常侍武騎及待詔隴西北地良家子能騎射者期諸殿門，故有『期門』之號自此始」。據此，當有部分期門源自武騎。

今按，其說當是。侍郎亦為光祿勳屬官。《漢書・百官公卿表上》：「郎中令，秦官，掌宮殿掖門戶，有丞。武帝太初元年更名光祿勳。屬官有大夫、郎、謁者，皆秦官……郎掌守門戶，出充車騎，有議郎、中郎、侍郎、郎中，皆無員，多至千人。」

〔2〕延壽：黃浩波（2017A，261 頁）：「延壽」乃是漢時習見人名，然而綜合以上信息判斷，簡文所見「延壽」，當即赫赫有名的甘延壽。

今按，其說是。《漢書・甘延壽傳》：「甘延壽字君況，北地郁郅人也。少以良家子善騎射為羽林，投石拔距絕於等倫，嘗超踰羽林亭樓，由是遷為郎。試弁，為期門，以材力愛幸。」

⍁卒憙〔1〕見☐⍁　　73EJT37：1227A
⍁叩頭叩頭，必予⍁　　73EJT37：1227B

【集注】

〔1〕憙：人名，為卒。

建平元年七月辛卯朔丙辰〔1〕，鷉陰長⍁
……☐☐☐☐傳⍁　　73EJT37：1229A+1239
彭陽丞印⍁　　73EJT37：1229B

【校釋】

許名瑲（2016A）、（2017A，98 頁）綴。A 面第二行「傳」前兩字許名瑲（2017A，98 頁）補釋作「當舍」。今按，據文例補釋可從，但該行文字左半基本殘缺，不能確知，當從整理者釋。

又 A 面第一行「鷉陰」原作「鶉陰」，所謂「鶉陰」又見於簡 73EJT8：35 和簡 73EJT37：698 等，趙爾陽（2016A）認為其均當釋「鷉陰」，說甚是。該簡「鷉」字作形，無疑為「鷉」，據改。

【集注】

〔1〕建平元年七月辛卯朔丙辰：建平，漢哀帝劉欣年號。據徐錫祺（1997，1672頁），建平元年七月丙辰即公曆公元前6年9月9日。

定〔1〕伏地言　▨

……▨　73EJT37：1232A

侯掾　▨　73EJT37：1232B

【校釋】

姚磊（2019E5）綴合該簡和簡73EJT37：1570。今按，兩簡茬口似不能密合，文意似不相關，或不可綴合。

【集注】

〔1〕定：人名，為致信者。

▨□二年九月□申朔庚午，肩水騂北亭長何〔1〕以私印行候事，謂關嗇夫吏▨收責橐他，名縣里年姓如牒，書到出入，如律令。

73EJT37：1240+1311+1233A

▨／令史嚴〔2〕。　73EJT37：1233B

【校釋】

簡73EJT37：1311+1233姚磊（2016A7）、（2017K，163頁）綴，姚磊（2017E1）又綴合簡73EJT37：1240與以上兩簡。A面第二行「名」字原未釋，姚磊（2017E1）綴合後釋。又A面第一行「二」字姚磊（2017E1）認為是「三」字。今按，該字上端殘缺，不能確知，暫從整理者釋。

【集注】

〔1〕何：人名，為騂北亭長。

〔2〕嚴：人名，為令史。

▨　時子張都鄉嗇夫▨　73EJT37：1237

▨令史褒〔1〕敢言之：觻得男子孟▨　73EJT37：1248

【集注】

〔1〕褒：人名，為令史。

▨□候史□▨　　73EJT37：1249

張掾急□□▨　　73EJT37：1254

建平元年正月甲午朔壬寅〔1〕，南部候長敞□□▨　　73EJT37：1256+1368

【校釋】

許名瑲（2016A）、（2017A，98頁）綴。

【集注】

〔1〕建平元年正月甲午朔壬寅：建平，漢哀帝劉欣年號。據徐錫祺（1997，1671頁），建平元年正月壬寅即公曆公元前6年2月27日。

□年五月己亥□▨　　73EJT37：1257

▨□吏送致，縣次傳續食▨　　73EJT37：1259

夏侯忠　▨　　73EJT37：1260

▨……所……

▨□□取傳，謁移過所縣道河津　　73EJT37：1261

【校釋】

姚磊（2017E1）遙綴簡73EJT37：581和該簡。今按，兩簡可綴合，但均殘斷嚴重，無法直接拼合。

又第一行「所……」姚磊（2016D2）補釋作「為家私市張掖酒泉」。今按，補釋或可從，但該行文字右半大部殘缺，不能確知，當從整理者釋。

正月丁酉……▨　　73EJT37：1262

▨□居第五亭印，賦筭給　　73EJT37：1266

【校釋】

「印」字圖版作［圖］，或當是「部」字草寫，「第五亭部」漢簡常見。

建……▨

當舍傳舍□▨　　73EJT37：1269

▨如律令。　兼掾□▨　　73EJT37：1270

醲錢三百五▨　73EJT37：1273A

□□▨　73EJT37：1273B

▨叩頭死罪，敢言之　73EJT37：1275+1276+1274

▨錢少百五十，今　73EJT37：1278A

▨□賜記□▨□　73EJT37：1278B

▨□尹鳳年▨　73EJT37：1280

甲戌　卒□▨　73EJT37：1281

▨□且鹿候長▨　73EJT37：1282

居延守獄史王常〔1〕寫▨　73EJT37：1283

【集注】

〔1〕王常：人名，為居延縣守獄史。

孝子曰　▨　73EJT37：1284A

□□　▨　73EJT37：1284B

【校釋】

A面「曰」原作「山」，姚磊（2017E4）釋。

▨敢言之　▨　73EJT37：1288

▨命屬此□▨　73EJT37：1292

居豐上坐豐□▨　73EJT37：1293

▨移金關都尉▨　73EJT37：1296

▨次長坐前：萬年毋恙，叩頭……▨　73EJT37：1299A

及京幸得關掾馬卿，幸哀憐……▨　73EJT37：1299B

建平五年九月壬寅〔1〕，□▨　73EJT37：1301

【集注】

〔1〕建平五年九月壬寅：建平，漢哀帝劉欣年號。建平五年即元壽元年，據徐錫祺（1997，1680頁），元壽元年九月壬寅即公曆公元前2年10月4日。

▨　□受　73EJT37：1303A

▨永　73EJT37：1303B

☐卒忠	73EJT37：1304A
☐□	73EJT37：1304B

【校釋】

A 面「忠」韓鵬飛（2019，頁）作「中」。今按，該字下部殘損，不能確知，暫從整理者釋。

☐尉史□	73EJT37：1306

☐御史大夫吉〔1〕下扶風廄，承書☐
☐當舍傳舍，如律令☐　73EJT37：1309

【集注】

〔1〕吉：人名，當為御史大夫丙吉。據《漢書・百官公卿表》，地節三年六月辛丑，太子太傅丙吉為御史大夫，八年遷。神爵三年三月丙午，丞相相薨。四月戊戌，御史大夫丙吉為丞相。則丙吉任御史大夫在公元前 67 年至公元前 59 年之間。

☐吉　☐	73EJT37：1348
☐□唯□☐	73EJT37：1350
☐申朔☐	73EJT37：1354

仁罪容姦力☐
……☐　73EJT37：1355

【校釋】

姚磊（2019E3）綴合該簡和簡 73EJT37：682。今按，兩簡茬口不能密合，暫不綴合作一簡。

☐□西部□☐	73EJT37：1360
☐□為肩水塞尉☐	73EJT37：1363
☐□謁	73EJT37：1364
☐如律令	73EJT37：1365
……出關☐	73EJT37：1366
告之至意甚深厚，叩頭叩頭，願□☐	73EJT37：1367A
嗇夫夫人坐前：毋恙，頃者舍中□☐	73EJT37：1367B

……☐
居延都尉胡驛一人□□☐
……☐ 73EJT37：1369
☐□ ☐ 73EJT37：1372
☐……襲袍☐ 73EJT37：1373A
☐……☐ 73EJT37：1373B

神爵三年四月庚午朔甲戌〔1〕，廣地候遺〔2〕移肩☐（觚） 73EJT37：1379A
付□□將省卒四人詣府，檄到，毋留止□☐（觚） 73EJT37：1379B

【集注】

〔1〕神爵三年四月庚午朔甲戌：神爵，漢宣帝劉詢年號。據徐錫祺（1997，1565頁），神爵三年四月甲戌即公曆公元前59年5月8日。

〔2〕遺：人名，為廣地候。

子女呈配年六小 ☐
神爵五年二月庚寅朔辛卯〔1〕，駿鄉嗇夫仁〔2〕敢言之：道德〔3〕里樵威〔4〕自言田張掖郡居延界中。□☐
…… ☐ 73EJT37：1380A
印曰霸陵〔5〕右尉 ☐ 73EJT37：1380B

【集注】

〔1〕神爵五年二月庚寅朔辛卯：神爵，漢宣帝劉詢年號。神爵五年即五鳳元年，據徐錫祺（1997，1569頁），五鳳元年二月辛卯即公曆公元前57年3月15日。

〔2〕仁：人名，為駿鄉嗇夫。

〔3〕道德：里名，屬霸陵縣。

〔4〕樵威：人名，為申請傳者。

〔5〕霸陵：京兆尹屬縣。《漢書·地理志上》：「霸陵，故芷陽，文帝更名。莽曰水章也。」

元延元年十一月甲子朔辛卯〔1〕，橐他守塞尉宣〔2〕移肩☐
……☐ 73EJT37：1396A
十一月辛卯以來 君前 ☐ 73EJT37：1396B

【集注】

〔1〕元延元年十一月甲子朔辛卯：元延，漢成帝劉驁年號。據徐錫祺（1997，1660頁），元延元年十一月辛卯即公曆公元前11年1月13日。

〔2〕宣：人名，為櫜他守塞尉。

☐……敢言之：田卒所假長安
☐東陽亭長忠〔1〕付臨渠令史華信〔2〕、陌史柳　　73EJT37：1397A
☐□□　□乘軸□　　73EJT37：1397B

【集注】

〔1〕忠：人名，為亭長。

〔2〕華信：人名，為臨渠令史。

☐□符　　73EJT37：1398A
☐傳　十月辛亥□□□取　　73EJT37：1398B

☐雲、丞歆〔1〕謂過所縣道津關☐
☐從者如律令。　☐　　73EJT37：1401

【集注】

〔1〕歆：人名，為丞。

元延二年三月壬戌朔丁丑〔1〕，居延卅井候譚〔2〕移過縣道河津關：遣掾孫萬〔3〕為官
市上書具〔4〕觻得，當舍傳舍，從者如律令。　尉史忠〔5〕。
73EJT37：1450+1402

【校釋】

林宏明（2016H）、姚磊（2017A6，231頁）綴。

【集注】

〔1〕元延二年三月壬戌朔丁丑：元延，漢成帝劉驁年號。據徐錫祺（1997，1661頁），元延二年三月丁丑即公曆公元前11年4月29日。

〔2〕譚：人名，為卅井候。

〔3〕孫萬：人名，為掾。

〔4〕上書具：當指上書所用工具，或包括筆墨簡牘書繩等。
〔5〕忠：人名，為尉史。

元延二年三月壬戌朔戊寅〔1〕，守□☐
壬寅，掾憲□□□□謁□□□☐　　73EJT37：1404

【集注】

〔1〕元延二年三月壬戌朔戊寅：元延，漢成帝劉驁年號。據徐錫祺（1997，1661頁），元延二年三月戊寅即公曆公元前11年4月30日。

建平元年正月壬子〔1〕，張掖□☐　　73EJT37：1408

【集注】

〔1〕建平元年正月壬子：建平，漢哀帝劉欣年號。據徐錫祺（1997，1671頁），建平元年正月壬子即公曆公元前6年3月9日。

年姓如牒，書到，出入如律令☐　　73EJT37：1409

謹移葆出入關符☐　　73EJT37：1410

【校釋】

姚磊（2019E3）綴合該簡和簡73EJT37：1480。今按，兩簡茬口似不能密合，文意似不連貫，暫不綴合作一簡。

☐……府書□□□年盡□□□☐　　73EJT37：1421A
☐都尉府書曰：假佐□□除，盡十二□☐　　73EJT37：1421B

☐月甲子朔壬辰，肩水候憲〔1〕　☐　　73EJT37：1423A
☐　守□☐　　73EJT37：1423B

【集注】

〔1〕憲：人名，為肩水候。

賤子聖〔1〕謹請使再拜　　73EJT37：1433

【集注】

〔1〕聖：人名，為致信者。

與□□□……　73EJT37：1434

兄兄兄　73EJT37：1435

……勿苛留止，如律令，敢言之。
三月戊寅，居延丞忠〔1〕移過所，如律令。／掾陽〔2〕、守令史誼〔3〕。
73EJT37：1436

【集注】

〔1〕忠：人名，為居延縣丞。
〔2〕陽：人名，為掾。
〔3〕誼：人名，為守令史。

☐□庚子，雒陽守丞況〔1〕移過所，毋留，如律令。／掾宣〔2〕、令史賢〔3〕。
73EJT37：1437

【集注】

〔1〕況：人名，為雒陽縣守丞。
〔2〕宣：人名，為掾。
〔3〕賢：人名，為令史。

順〔1〕伏地言
……因道順丙子到治所，毋它急　73EJT37：1438

【集注】

〔1〕順：人名，為致信者。

正月壬子，橐他北部候長勳〔1〕以私印行候事，寫移，書到，出
……正月，如律令。　73EJT37：1439

【集注】

〔1〕勳：人名，為橐他北部候長。

元元
元元□□□居□□□□□叩頭叩頭　73EJT37：1440A
□□□□□　73EJT37：1440B

願且貸七十一錢，乃為行道用者，不宜□財不行出入，叩頭叩頭

73EJT37：1442A

劉儀〔1〕伏地叩頭庾都卿屬□□□□陳愚□道今北册錢　73EJT37：1442B

【集注】

〔1〕劉儀：人名，為致信者。

元延元年七月丙寅朔丙寅〔1〕，東鄉嗇夫豐〔2〕、佐章〔3〕敢言之：道德▨
使之張掖郡界中，願以令取傳。·謹案，戶籍臧官者，豐爵公士▨

73EJT37：1451A

允吾丞印　▨　73EJT37：1451B

【集注】

〔1〕元延元年七月丙寅朔丙寅：元延，漢成帝劉驁年號。據徐錫祺（1997，1660頁），元延元年七月丙寅朔，為公曆公元前12年8月21日。

〔2〕豐：人名，為都鄉嗇夫。

〔3〕章：人名，為都鄉佐。

▨□月甲寅朔庚申，東鄉有秩禁〔1〕敢言之：西函〔2〕里男子▨
▨獄徵事，當為傳，謁移過所縣邑侯國郵亭津▨　73EJT37：1453

【校釋】

簡首未釋字許名瑲（2016F）、（2016G）、（2017A，103頁）補釋「九」字，並於「九」前依文例補「年」字。今按，補釋或可從，但該字大部殘缺，不可辨識，當從整理者釋。

【集注】

〔1〕禁：人名，為東鄉有秩嗇夫。

〔2〕西函：里名。

綏和二年十二月甲子朔己丑〔1〕，宛邑市丞〔2〕華〔3〕移過所縣……▨
諸責人亡賊處自如，弘農〔4〕、三輔、張掖、居延郡界中，當舍傳舍……▨

73EJT37：1454

【集注】

〔1〕綏和二年十二月甲子朔己丑：綏和，漢成帝劉驁年號。據徐錫祺（1997，1670頁），綏和二年十二月己丑即公曆公元前 6 年 2 月 14 日。

〔2〕宛邑市丞：陳直（1979，137～138 頁）：西漢各縣，有因當地情形需要，在原有丞尉之外，而加添丞尉者。如「定陽市丞」「臨菑市丞」（均見齊魯封泥集存四十五頁）「宛邑市丞」（懷寧柯氏所藏封泥）……市丞是管理市政者。

蔣波、周世霞（2016，50 頁）：「市丞」，專司市場、集市管理的官吏，這裏指宛縣管理集市的官員。

今按，諸說是。市丞是管理市場之丞。

〔3〕華：人名，為宛邑市丞。

〔4〕弘農：周振鶴（2017，144 頁）：《漢書・武帝紀》則曰：「元鼎三年冬，徙函谷關於新安，以故關為弘農縣。」弘農郡當以弘農縣為中心而設，故清人錢坫疑弘農郡之置亦當在元鼎三年，《漢志》曰四年置有誤。錢氏之說甚為得當。《漢志》弘農郡領縣十一，分別來自右內史、河南、南陽三郡。

今按，說是。《漢書・地理志上》：「弘農郡，武帝元鼎四年置。莽曰右隊。」據上引周振鶴說則弘農置郡在元鼎三年。

建平五年七月　☐　　73EJT37：1456

建平三年二月壬子朔癸丑〔1〕……
之張掖郡界中。謹驗問里父老王護〔2〕、正同〔3〕，皆任占，並〔4〕毋官獄徵事，當為傳，謁移過所縣邑
……如律令。　敢言之　　73EJT37：1462A+1471A
臨菑丞印　　73EJT37：1462B+1471B

【集注】

〔1〕建平三年二月壬子朔癸丑：建平，漢哀帝劉欣年號。據徐錫祺（1997，1675頁），建平三年二月癸丑即公曆公元前 4 年 2 月 27 日。

〔2〕王護：人名，為里父老。

〔3〕正同：劉欣寧（2016）：除里父老外，又出現「正」即里正。

今按，其說是。正當指里正，同為其名。

〔4〕並：似為人名，為申請傳者。

四月丙辰，居延令□▨ 73EJT37：1468A
縣官□□▨ 73EJT37：1468B

【校釋】

姚磊（2016G1）、（2017D8，82 頁）綴合該簡和簡 73EJT37：347。今按，兩簡形制、字體筆迹等並不一致，似不能拼合。又 A 面未釋字胡永鵬（2016A，542 頁）作「尚」。今按，說是，但該字下部殘斷，不能確知，暫從整理者釋。

▨辰，橐他候曾〔1〕移肩水金關：石南〔2〕亭長 73EJT37：1472

【集注】

〔1〕曾：人名，為橐他候。

〔2〕石南：亭名。

▨里□護自言□□□□□□□□□▨ 73EJT37：1475

▨一編，敢言之 73EJT37：1480

【校釋】

姚磊（2019E3）綴合簡 73EJT37：1410 和該簡。今按，兩簡茬口似不能密合，文意似不連貫，暫不綴合作一簡。

▨恭敢言之：應里〔1〕張林〔2〕自言取傳，為郡送錢□▨
▨……　▨ 73EJT37：1481

【集注】

〔1〕應里：里名。

〔2〕張林：人名，為申請傳者。

十餘日，解破之，以為兒衣狹，遺其補□▨ 73EJT37：1487

【校釋】

姚磊（2016C4）綴合該簡和簡 73EJT37：421。今按，兩簡字體筆迹似有不同，茬口處不能密合，綴合後文義亦不連貫，或不能綴合。

▨敢言之 73EJT37：1488

更敢言之。謹案，武宗〔1〕年爵如書，敢言之。　☐
……　☐　　　　73EJT37：1489

【集注】

〔1〕武宗：人名。

☐□寅朔己酉，都鄉嗇夫武〔1〕敢言之：龍起〔2〕里房則〔3〕自言願以令取傳，為居延倉令史徐譚〔4〕葆，俱迎錢
上河農。・謹案，戶籍臧鄉者，則爵上造，年廿歲，毋它官獄徵事，當得以令取傳，與譚俱。謁移過所縣道河津關，
毋苛留止，如律令，敢言之。
九月庚戌，居延令彊〔5〕、守丞宮〔6〕，寫移過所，如律令。／兼掾臨〔7〕、守令史褒〔8〕。　　　　73EJT37：1491

【校釋】

木牘右上側殘斷，部分曆日殘佚。簡首未釋字許名瑲（2016I）、（2017A，104頁）補釋「庚」，並於「庚」前殘缺處補「九月」，作「九月庚寅朔」。其中「庚」胡永鵬（2016A，366頁）亦補。今按，補釋或可從，但均殘缺不能辨識，當從整理者釋。

【集注】

〔1〕武：人名，為都鄉嗇夫。
〔2〕龍起：里名，屬居延縣。
〔3〕房則：人名，為申請傳者。
〔4〕徐譚：人名，為居延縣倉令史。
〔5〕彊：人名，為居延縣令。
〔6〕宮：人名，為居延縣守丞。
〔7〕臨：人名，為兼掾。
〔8〕褒：人名，為守令史。

視事，敢言之。　　　　73EJT37：1498

☐史昌〔1〕敢言之：遣倉嗇夫勝之〔2〕移簿大守府，與從者始至〔3〕里陳未央〔4〕俱，

▨謁移過所縣道關，毋苛留止，如律令，敢言之。
▨律令。　／掾宗〔5〕、守令史昌。　73EJT37：1499A
▨以來　73EJT37：1499B

【集注】

〔1〕昌：人名，為守令史。

〔2〕勝之：人名，為倉嗇夫。

〔3〕始至：里名。

〔4〕陳未央：人名，為從者。

〔5〕宗：人名，為掾。

元延四年九月己卯〔1〕，居延都尉雲〔2〕謂過所縣道津關：遣守屬李尊〔3〕移簿□□當舍傳舍，從者如律令。　……　73EJT37：1500

【集注】

〔1〕元延四年九月己卯：元延，漢成帝劉驁年號。據徐錫祺（1997，1666 頁），元延四年九月己卯為公曆公元前 9 年 10 月 17 日。

〔2〕雲：人名，為居延都尉。

〔3〕李尊：人名，為守屬。

▨□午，城司馬〔1〕　兼行居延令事、守丞義〔2〕移過所津關：遣亭長朱宣〔3〕載
▨俱對會大守府，從者如律令。　／兼掾臨〔4〕、守令史豐〔5〕、佐昌〔6〕。
73EJT37：1501

【校釋】

姚磊（2017H9，277 頁）、（2018E，31 頁）綴合簡 73EJT37：276 與該簡。今按，兩簡形制、字體筆迹等較一致，文義亦可連貫，或可綴合，但兩簡茬口處不能密合，似不能直接拼合。

【集注】

〔1〕城司馬：陳夢家（1980，46 頁）：張掖居延城司馬可以秩次或近次代行居延都尉事，居延城倉長可以兼行居延都尉丞事，則此城司馬與城倉長俱屬於居延都尉，而城倉與都尉府同在一地，故得兼行。

饒宗頤、李均明（1995B，139 頁）：城司馬，司馬之駐守城官者，或負責城防事，如《百官表》「城門校尉」下之司馬所職。

賈一平（2015，96 頁）：居延都尉不設城尉，其城池守衛的重責自當由同為武職的城司馬來代替，對於居延都尉來說，城司馬既擔負居延都尉府治所的日常守衛、防衛，又要擔負機動作戰的重任，隨時準備出擊迎戰來犯之敵，是屯衛合一的重要職官。

今按，諸說是。城司馬當指居延都尉府所在之城的司馬官，負責城防等事。肩水都尉府則設有城尉，職守同城司馬。

〔2〕義：人名，為居延縣守丞。

〔3〕朱宣：人名，為亭長。

〔4〕臨：人名，為兼掾。

〔5〕豐：人名，為守令史。

〔6〕昌：人名，為佐。

☐年十二月辛未朔甲戌，張掖廣地候況〔1〕移肩水金關：吏使
☐里年姓如牒，書到，出入如律令。　　73EJT37：1502A
☐印　守令史惲〔2〕。　　73EJT37：1502B

【校釋】

B 面「印」字原未釋，姚磊（2016D7）補釋。該簡年代許名瑲（2016F）、（2016G）、（2017A，105 頁），胡永鵬（2016A，376 頁），黃艷萍（2017，156 頁）認為屬建平四年（前 3）。今按，說是。建平，漢哀帝劉欣年號。據徐錫祺（1997，1678 頁），建平四年十二月甲戌即公曆公元前 2 年 1 月 9 日。

【集注】

〔1〕況：人名，為廣地候。

〔2〕惲：人名，為守令史。

建平元年四月癸亥朔甲申〔1〕，廣地候況〔2〕移肩水金關：候詣府，名縣爵里年姓如
牒，書到，出入如律令。　　73EJT37：1503A
廣地候印　令史嘉〔3〕。　　73EJT37：1503B

【集注】

〔1〕建平元年四月癸亥朔甲申：建平，漢哀帝劉欣年號。據徐錫祺（1997，1671頁），建平元年四月甲申即公曆公元前6年6月9日。

〔2〕況：人名，為廣地候。

〔3〕嘉：人名，為令史。

事，謂關嗇夫吏：吏所葆縣里年姓如牒，書到，出入盡十二月

73EJT37：1519

☐肩水司馬行居延都尉事…… 73EJT37：1521

☐……☐

☐酒泉、張掖、武☐ 73EJT37：1524

何應北界又……☐ 73EJT37：1526

【校釋】

姚磊（2016F3）遙綴該簡和簡73EJT37：281。今按，兩簡形制、字體筆迹等較一致，或同屬一簡，但不能直接拼合。

津關：遣候從史顏☐ 73EJT37：1527

神爵二年五月乙巳〔1〕☐ 73EJT37：1529

【集注】

〔1〕神爵二年五月乙巳：神爵，漢宣帝劉詢年號。據徐錫祺（1997，1563頁），神爵二年五月乙巳朔，為公曆公元前60年6月13日。

☐之：遣廄佐輔〔1〕對會大守☐ 73EJT37：1530

【集注】

〔1〕輔：人名，為廄佐。

建平三年十月□□☐ 73EJT37：1531

五鳳四年五月丁丑〔1〕，廣地候豐〔2〕☐（檢） 73EJT37：1533A

檄到，出入毋苛留，如律令☐（檢） 73EJT37：1533B

【集注】

〔1〕五鳳四年五月丁丑：五鳳，漢宣帝劉詢年號。據徐錫祺（1997，1575 頁），五鳳四年五月丁丑即公曆公元前 54 年 6 月 14 日。

〔2〕豐：人名，為廣地候。

五鳳三年四月甲戌〔1〕，槖他候博〔2〕移肩水候官：遣隧長勝〼（觚）

73EJT37：1535A

館里〔3〕冀巷〔4〕等四人詣僵落〔5〕作所，因迎罷省卒四人，檄到，往來願令史〼（觚） **73EJT37：1535B**

【集注】

〔1〕五鳳三年四月甲戌：五鳳，漢宣帝劉詢年號。據徐錫祺（1997，1573 頁），五鳳三年四月甲戌即公曆公元前 55 年 6 月 16 日。

〔2〕博：人名，為槖他候。

〔3〕館里：似為里名。

〔4〕冀巷：當為人名。

〔5〕僵落：即「彊落」。詳見簡 73EJT24：369「彊落」集注。

〼元年二月庚午，槖他候遼〔1〕移肩水候官：遣槖他隧長常年戍卒……

73EJT37：1536A

〼館里陳道〔2〕送……如律令。　／守令史猛〔3〕。 **73EJT37：1536B**

【集注】

〔1〕遼：人名，為槖他候。

〔2〕陳道：似為人名。

〔3〕猛：人名，為守令史。

寫□□　〼 **73EJT37：1559**

〼□隆行大守事、丞成〔1〕下部都尉、郡庫…… **73EJT37：1563**

【集注】

〔1〕成：人名，為丞。

▨□□　□遷直肩水候▨　73EJT37：1567

▨年六月壬戌□□□□守令史臨〔1〕敢言之□▨　73EJT37：1569

【集注】

〔1〕臨：人名，為守令史。

▨……願報謁之幣盡府　73EJT37：1570A

▨　魏長兄　73EJT37：1570B

【校釋】

姚磊（2019E5）綴合簡 73EJT37：1232 和該簡。今按，兩簡茬口似不能密合，文意似不相關，或不可綴合。

會水□□章　▨　73EJT37：1571A

……▨　73EJT37：1571B

▨橐他□▨

▨為□□▨　73EJT37：1572

【校釋】

姚磊（2016F1）認為可與簡 73EJT37：929 綴合，但兩簡殘損較大，如何拼綴，則存在困難，推測有三種直接綴合的可能，也有遙綴的可能。今按，說是，兩簡形制、字體筆迹等一致，當屬同一簡，但無法直接拼合。

·樂府〔1〕卿言，齋□後殿中□□以不行……迫時入，行親以為□常。諸侯王謁拜，正月朝賀及上計〔2〕，飭鐘張虡〔3〕，從樂人及興卒〔4〕。制曰：可。孝文皇帝七年九月乙未下　73EJT37：1573

【校釋】

「七年九月乙未」許名瑲（2016G）認為「乙」字當校正為「己」，九月庚子朔，是月無乙未。文帝七年九月庚子朔，廿日己未，為前 173 年 10 月 18 日。

張英梅（2019，105 頁）指出漢文帝在位凡 23 年：前元 16 年，後元 7 年。其中前元、後元年號為後世所加，當時並無此稱，所以，漢文帝在位期間先後出現了兩個「七年」紀年。因漢文帝崩於後元七年六月，該詔書頒布於七年九月，可知為前元七年（前 173）九月詔書。

彭浩（2021，87 頁）則認為漢文帝前元七年九月無乙未，後元七年九月乙未是九月二十九日，證明令文頒布的時間應是文帝後元七年九月乙未。

今按，彭說恐非是，許名瑲改釋當可從，文帝七年即公元前 173 年。

又第一行「卿」彭浩（2021，86 頁）認為可能是「書」字。今按，說當是，但該字圖版殘泐，不可辨識，暫從整理者釋。

【集注】

〔1〕樂府：少府屬官，為宮廷主管樂舞的機構。《漢書・百官公卿表上》：「少府，秦官，掌山海池澤之稅，以給供養，有六丞。屬官有尚書、符節、太醫、太官、湯官、導官、樂府……綏和二年，哀帝省樂府。」

〔2〕諸侯王謁拜，正月朝賀及上計：彭浩（2021，88 頁）：令文的「謁拜正月朝賀」應該斷作「謁拜正月、朝賀」。「諸侯王謁拜正月」是指諸侯王於正月朔日朝覲皇帝，有別於十月朝賀。

今按，說恐非是。諸侯王謁拜、正月朝賀、上計當為並列的三種情況。

〔3〕飭鐘張虡：裴永亮（2018，64 頁）：「飭鐘張虡」，指準備好奏樂器具……鐘，樂器，青銅製，懸掛於架上，以槌叩擊發音，祭祀或宴享時用。虡，古時懸鐘鼓木架的兩側立柱。

今按，說是。「鐘虡」指懸掛樂鐘的格架。《文選・班固〈西都賦〉》：「列鐘虡於中庭，立金人於端闈。」

〔4〕樂人及輿卒：裴永亮（2018，64 頁）：簡文中的樂人，當是樂府管理的奏樂之人。輿卒，未見記載，或指參加奏樂活動的士卒。

今按，說是。樂府有樂人。《漢書・宣帝紀》：「樂府減樂人，使歸就農業。」

☐炅，四節不舉〔1〕☐　　73EJT37：1575

【集注】

〔1〕四節不舉：高大倫（1998，118 頁）：四肢乏力，不能擡舉。

裘錫圭（2008，17 頁）：《素問》屢言「四支不舉」。簡文「四節」當指四肢與身軀相交處的關節。四節不舉與四支不舉同意。

今按，諸說是。四節不舉即四肢不舉。

☐□城　　73EJT37：1576

☐……☐
☐居延。謹案□□□☐ 73EJT37：1578A
☐……☐ 73EJT37：1578B

【校釋】

A 面第二行未釋後兩字姚磊（2016D2）補「毋官」。今按，補釋或可從，但該行文字右半缺失，不能確知，當從整理者釋。

☐□近頃□☐
☐叩頭再□☐ 73EJT37：1580A
☐□願為今□☐ 73EJT37：1580B

【校釋】

A 面第二行「再□」韓鵬飛（2019，1679 頁）作「再拜」。今按，釋可從，但簡牘殘缺，當從整理者釋。